AF462838

ÉTUDE

SUR

LES MYSTÈRES AU MOYEN AGE

LA MISE EN SCÈNE

I

Les origines des Mystères.

Le théâtre en France est né dans l'Église ; ses commencements se confondent avec les cérémonies liturgiques qui, pour la plupart, ont tous les caractères de représentations scéniques. La messe elle-même n'est-elle pas un drame avec dialogue, mimique et costume, la tragédie par excellence, celle de la mort de l'Homme-Dieu ; et la procession symbolique du dimanche des Rameaux ne simule-t-elle pas l'entrée de Jésus à Jérusalem avec une mise en scène théâtrale[1] ?

Le christianisme, en se propageant dans les Gaules, au moment de l'administration romaine, s'efforça de proscrire par ses apôtres les représentations théâtrales que le monde romain avait répandues dans tout le pays soumis à sa domination. Peut-être l'Église ne parvint-elle pas à détruire complètement les vestiges

1. Nous n'avons pas ici à reproduire l'histoire littéraire des Mystères qui ne rentre nullement dans notre sujet ; du reste, cette histoire n'est plus à faire ; elle a été magistralement traitée par M. Petit de Julleville dans son ouvrage : *Les Mystères*. Paris, Hachette, 1880, 2 vol.

Une grande partie des détails qui vont suivre sont empruntés à cette étude. Nous pouvons ajouter que M. Petit de Julleville a bien voulu en outre nous donner, de la façon la plus obligeante, les renseignements que sa vaste érudition avait réunis sur le sujet qui nous intéressait.

de l'antiquité; mais les invasions du IVe et du Ve siècles les anéantirent partout, en couvrant le monde entier de barbarie et d'ignorance. Il semblait que toute civilisation eût été submergée comme par un déluge, et que, semblable à une arche de Noé, la religion chrétienne subsistât seule dans ce monde bouleversé, conservant, à travers la destruction générale, les produits du génie humain : sciences, arts, littérature, industrie, application de l'intelligence aux besoins de l'humanité.

Alors l'Église n'usa pas seulement de son influence, de sa puissance, de ses richesses et des intelligences nombreuses que comptaient ses rangs, pour produire à son seul profit. Ce qu'elle avait amassé, elle le fit servir à répandre, autant qu'elle le pouvait, un peu de civilisation au milieu du monde accablé; elle devint la sauvegarde des populations sans cesse maltraitées. Puis, non contente de satisfaire aux nécessités matérielles du peuple, elle chercha par des distractions à l'intéresser et à l'amuser.

Comprenant combien le théâtre pouvait être utile à la propagation de ses principes et à l'extension de son influence, elle le rétablit d'abord dans la liturgie par les cérémonies pompeuses du culte avec appareil scénique, et plus tard, dans des cérémonies annexes dirigées et organisées par ses ministres[1].

Cet état de choses dura jusqu'au XIIIe siècle, époque où un grand roi progressiste et essentiellement révolutionnaire pour son temps, saint Louis, fit sortir des couvents et des églises, pour les répandre dans la société civile, les connaissances multiples dont la religion conservait le monopole, et consacra ce grand mouvement de profusion intellectuelle par des lois, dont quelques-unes ont établi à jamais l'industrie française.

Sous l'influence de saint Louis, le drame se sépara définitivement de l'Église. Il resta, il est vrai, l'attribut des corporations plus souvent encore religieuses que laïques; mais peu à peu, il quitta son côté exclusivement liturgique et au XVe siècle, il prit

1. Voir E.-M. Luzel, *Sainte Tryphine et le roi Arthur*. Quimperlé, 1863, in-8°, page XXIV.

dans la vie sociale une importance considérable, donnant ainsi naissance au théâtre moderne en France.

Les plus anciens drames, qui nous paraissent être du xe ou du xie siècle, sont des proses dialoguées, chantées à l'office d'un saint ou à l'occasion d'une fête. Les plus connus sont les *Noëls* ou le *Drame du Pasteur*; les détails de la mise en scène de l'un d'eux ont été conservés par Du Cange [1] :

« Que la crèche soit disposée derrière l'autel et que l'image de sainte Marie y soit placée. D'abord qu'un enfant devant le chœur, dans un lieu élevé, figurant un ange, annonce la Nativité du Seigneur, à cinq chanoines ou à leurs vicaires représentant les pasteurs; à l'appel de l'ange ils entrent par la grande porte du chœur, traversent le chœur par le milieu, vêtus de la tunique et de l'amict. »

Le drame est alors bien plus lyrique que dramatique. Vers la même époque, certaines leçons insérées dans les offices sont chantées par des voix différentes; ces leçons reproduisent souvent les prophéties qui annoncent le Christ [2]. Les chanteurs se munissent d'un insigne qui les caractérise : « Moïse, par exemple, avec les tables de la Loi à la main et des cornes dorées sur la tête, Abacuc avec une besace, David avec une couronne et un manteau royal [3] ».

Lorsqu'ils ont à réciter leurs parties « ils sortent d'un endroit caché, à l'appel d'un évocateur, viennent dire leur morceau et défilent ensuite processionnellement [4] » ; on va bientôt plus loin : lorsque Balaam paraît dans ces cérémonies, il chante ses prophéties, « il apparaît dans l'église sur une ânesse ; l'ange lui barre le chemin ; un enfant caché sous la longue housse de l'ânesse répond pour elle : voilà une scène déjà bien voisine du drame » [5].

1. Verbo : *Pastor*, reproduit par Petit de Julleville, *passim*.
2. Voir Marius Sepet, *Les Prophètes du Christ*, Paris, 1878, in-8°.
3. *Bibliothèque de l'École des chartes*, t. XL, p. 78. Rapport du Concours des antiquités de la France (partie consacrée au livre précité de M. Marius Sepet) de l'année 1878, par M. Gaston Paris.
4. *Ibid.*
5. *Bibliothèque de l'École des chartes*, Rapport de M. Gaston Paris, *passim*

On représente aussi dans l'Église « la fournaise où les étoupes font une grande flamme au milieu de laquelle les trois jeunes Israélites chantent leur cantique pendant qu'à côté d'eux apparaît le Fils de Dieu »[1].

Nabuchodonosor, assis sur son trône, préside à l'exécution de ses ordres.

D'abord enfermée dans le chœur, « la représentation s'empare bientôt de la nef; elle sort même de l'église et s'appuie au porche; le chœur restant encore à l'intérieur l'accompagne de chants liturgiques »[2].

De siècle en siècle, les représentations prennent plus d'ampleur. Au XIIe apparaît le *Drame des Vierges* où, pour la première fois, nous voyons un décor construit : celui d'une gueule de dragon figurant l'enfer.

La première représentation qui nous paraît sortie de l'église est celle du *Drame d'Adam* : il se joue sous le porche des cathédrales, par conséquent à la porte même de l'église[3]; la foule est

Voir aussi : *Ordinarium novum secundum usum ecclesiæ Cenomanensis*, reproduit dans Dom Piolin, *Recherches sur les Mystères représentés dans le Maine*. Angers, 1858, pages 7 et 8.

Dom Martène, *De antiquis Ecclesiæ ritibus*, t. III, col. 482.

Charles de Beaurepaire, *Nouveau Recueil de notes historiques et archéologiques concernant le département de la Seine-Inférieure et plus spécialement la ville de Rouen*. Rouen, 1888, in-8o.

Procès-verbal de la visite archiépiscopale des chapelles de la métropole en 1609, par Mgr de Joyeuse, p. 394. XXI. Chapelle de la Trinité, dite des Brienchons, dite aussi de Notre-Dame-du-Jardin ou des Jardins...

Dès 1436, la confrérie du Jardin avait son siège dans cette chapelle où se trouvait figuré en peinture ou en sculpture, un jardin avec des fleurs, pour servir de scène au trépas de la Sainte Vierge et à la représentation du *Mystère de l'Assomption*.

En 1506 le chapitre interdit l'usage de faire paraître, dans cette chapelle, à l'occasion de la fête de l'Assomption, des hommes habillés à l'instar des apôtres et des diables avec masques et marmousets.

Le chanoine Guill. Carrel, dans le contrat de fondation de cette chapelle daté du 26 janvier 1413, parle de « l'autel de la chapelle de la Trinité où l'on fait le Mystère de l'Assomption de N.-D. ».

1. *Ibid.*, M. Gaston Paris, *passim*.

2. *Ibid.*

3. M. Albert Réville, dans un article de la *Revue des Deux-Mondes*, du 1er juillet 1868, dit qu'à Tours on représenta un Mystère dont le Paradis terrestre était sur le porche et le Paradis dans l'église. Mais il ne cite pas de source.

devant la scène, sur la place; il y a déjà des intermèdes de démons qui, entre temps, exécutent des farces et parcourent les rangs pressés des assistants pour les égayer d'un bon mot ou d'une pitrerie.

Dans le *Drame d'Adam*, on trouve l'apparition d'un serpent machiné, grimpant sur un arbre; puis on relève des détails de mise en scène, comme celui où l'auteur recommande à l'acteur qui figure Abel d'avoir sous ses vêtements une marmite sur laquelle il recevra les coups que doit lui infliger son frère.

Le XIIIe siècle voit naître un auteur de talent *Jean Bodel d'Arras* qui fait un *Mystère* connu sous le nom de *Jeu de Saint-Nicolas* [1] : certaines de ses parties relatives aux Croisades, entre autres un récit de la bataille de Mansourah, sont restées un monument, égal en valeur, à la *Chanson de Roland.* Outre une grande élévation de pensée, il y a dans le drame de Bodel, un sentiment vivant de réalisme qui allie, avec goût, l'exposition émouvante des malheurs des Croisés, à une peinture exacte des mœurs et des habitudes du temps où vivait l'auteur. Au point de vue littéraire, l'œuvre de Jean Bodel peut être considérée comme ce qu'il y a de plus élevé dans le cycle des Mystères du moyen âge; malheureusement nous ne connaissons pas la mise en scène de son drame; pourrions-nous même affirmer qu'il a été joué?

Les Mystères des *Miracles de Notre-Dame* [2], connus aujourd'hui au nombre de quarante succèdent, au XIVe siècle, au *Jeu de Saint-Nicolas.* Les corporations religieuses ne sont plus seules à les jouer et l'on voit déjà, quoique rarement encore, des laïques les représenter. Les drames des *Miracles de Notre-Dame* [3] mettent

1. Bibl. nat., ms. f. fr. 25566, folio 68 et Petit de Julleville, *passim*, tome Ier, page 3.

2. Comme renseignements sur les Mystères du XIVe siècle, on peut se rapporter aux *Documents concernant l'histoire de l'art dans la Flandre, l'Artois et le Hainaut avant le* XVe *siècle*, par M. le chanoine Dehaisnes, tome II, page 534 : Comptes de la fabrique de la cathédrale de Cambrai en 1375-1376 rendus par Étienne de Mauléon, doyen. Ces comptes sont tirés des *Archives départementales du Nord*, n° 20.

3. Bibl. nat., mss. f. fr.. 2 vol. petit in-folio, nos 810 et 820, publiés par Gaston Paris et Ulysse Robert pour la Société des anciens textes.

en jeu un événement miraculeux produit par l'intervention de la Vierge. Cette intervention se manifestait par un effet de truc que l'on appelait alors *secret*. Dans les pièces de Notre-Dame, la Vierge descend, à un moment donné, du Paradis, escortée d'anges ou de saints, et arrive sur la scène au milieu des acteurs qui sont des mortels. Déjà apparaissent, sur l'estrade, des cortèges de princes, de princesses avec leur cour et leurs sergents d'armes [1].

Ces Mystères ont tous un appareil religieux, c'est-à-dire qu'on y voit naturellement la Vierge, Dieu le Père et les anges, et que le Paradis y existe toujours : mais le sujet des pièces est souvent emprunté aux romans; comme de nos jours on met en action dialoguée un récit d'imagination, dont l'idée première est empruntée à l'histoire ou même dont l'intrigue est de pure invention. Parmi les romans de chevalerie mis au théâtre à cette époque on peut citer *Grisélidis* ou *Robert-le-Diable*.

On peut citer aussi comme un monument curieux de la littérature dramatique de l'époque, un Mystère en langue provençale qui met en action la curieuse légende de sainte Agnès. La partie lyrique et féerique du drame y est considérablement développée; le réalisme le plus brutal se manifeste dans sa mise en scène très rudimentaire encore, et des trois parties qui composent le Mystère, le jugement, le lupanar et le martyre, la première, celle qui devait le plus frapper l'imagination des spectateurs, comme aujourd'hui l'acte de la cour d'assises dans les mélodrames du boulevard, y tient la plus grande place [2].

II

Les Mystères à leur apogée.

Vers la fin du XIVe siècle et le commencement du XVe, les

1. Petit de Julleville, *passim*, tome I, p. 121.
2. Voir Léon Clédat, *Le Mystère provençal de Sainte-Agnès* dans la *Bibliothèque des Écoles françaises d'Athènes et de Rome*, année 1877, 1er fascicule, p. 271. Paris, Ernest Thorin.

Mystères se représentent partout. Avec les confréries et les corporations, ils prennent un caractère séculier et deviennent le grand amusement de la fin du moyen âge[1].

Ce développement particulier tient à des causes morales particulières ; la société civile a progressé depuis saint Louis : elle a produit des savants illustres ; l'industrie est alors son apanage et l'art de penser n'est plus le monopole de l'Église. Celle-ci, par suite, n'a plus l'influence qu'elle possédait après les invasions barbares ; ses cérémonies ne sont plus pour les peuples ni pour les rois d'un intérêt aussi poignant ; elle ne tient plus dans sa main les amusements. Aussi les cherche-t-on ailleurs. Longtemps on en a été privé ; il semble qu'avec l'épanouissement du xve siècle, il ait passé en France comme un souffle irrésistible de plaisir et d'amusement. La guerre de Cent ans sévit, le peuple meurt de faim, les bandes de soudards se pillent et s'égorgent entre elles et surtout égorgent et pillent le malheureux peuple ; cela n'empêche pas de s'amuser ou de chercher à s'amuser du haut en bas de l'échelle sociale. A vingt-deux ans Charles VI est usé par les plaisirs ; son fils perd son royaume au milieu des fêtes et les populations, avides de spectacles scéniques, s'imposent toutes sortes de privations et de travaux pour assister aux représentations.

Le public vient y chercher des distractions qu'il faut lui rendre de plus en plus attrayantes. La soldatesque devenue si nombreuse, à cause de la guerre, porte ses habitudes d'impiété dans l'auditoire. La jeunesse frivole s'y rend comme à un lieu de plaisir, et les courtisanes à ceinture dorée vont y étaler leur élégance en guise d'enseigne[2].

Le luxe est arrivé alors à un développement qui, depuis, n'a jamais été réalisé même aux fêtes fastueuses de Versailles. Les acteurs déploient une somptuosité inouie sur la scène, et l'auditoire, composé quelquefois de souverains, de princes, de seigneurs, de riches bourgeois, de femmes de toutes conditions vêtues de

1. Petit de Julleville, *passim*, tome Ier, p. 121.
2. Du Méril, *Origines latines du théâtre moderne*, Paris, 1849, in-8°, page 75.

leurs plus beaux atours, lutte d'ostentation avec les artistes qui sont sur la scène. On cherche à écraser son voisin et à faire parade de sa richesse, de sa beauté, de son luxe. Les Mystères sont des réunions mondaines par excellence, d'une vogue excessive, que l'on ne peut mieux comparer aujourd'hui qu'aux assemblées des champs de courses. L'attrait de ces spectacles est tel, que les villes où on joue les Mystères sont abandonnées pendant tout le temps que dure la représentation. Les municipalités recommandent à son de trompe de bien clore les maisons ; on double les guetteurs du beffroi et les gardes des portes qui restent ouvertes ; car on ferme celles dont le service n'est pas indispensable ; hormis ces gardes, personne ne peut porter d'armes ou de bâtons. On décrète également à son de trompe que le chômage est obligatoire et il est ordonné de ne pas plus travailler qu'en un jour férié. Tout le monde, alors, ferme boutique à l'exception des bouchers, boulangers, pâtissiers et marchands de vin que la municipalité invite à se bien fournir de vivres et de rafraîchissements, afin d'établir des comptoirs aux abords du spectacle où les assistants pourront festoyer pendant et après la représentation. La porte du théâtre est gardée par plusieurs sergents chargés de la police et du maintien de l'ordre. Les autorités recommandent aussi « que nulles femmes ayant petis enfans ne les portent au dit jeu, ains les laissent en bonne seureté et garde en leur maison ». Comme la fête se prolonge durant la nuit, les citoyens doivent allumer des lanternes aux fenêtres pour permettre à la foule de circuler malgré l'obscurité. Dans le nord de la France, à chaque représentation, l'évêché fait publier au prône de chaque paroisse un décret pour changer l'heure de l'office, de façon à ce que les fidèles puissent assister au service religieux et ne pas manquer la représentation des Mystères[1].

Si l'on donne encore comme auparavant des spectacles appropriés aux fêtes que l'on célèbre à certaines dates, on joue aussi

1. *La Vie municipale au* XVe *siècle dans le nord de la France*, par le baron de Calone, Paris, Didier, 1880, p. 114 et suiv.

durant plusieurs jours, souvent même durant plusieurs semaines, tantôt des représentations ou drames empruntés à la vie ou à la légende du saint, patron de la ville, tantôt des pièces d'un ordre plus général, empruntées soit au Nouveau soit à l'Ancien Testament, soit surtout à la vie de Jésus-Christ. Sur ce dernier sujet, on compose le drame par excellence, celui de la *Passion*, qui se joue partout et à tout moment. La multiplicité des représentations du Mystère de la *Passion* introduisit en France l'établissement d'un théâtre permanent, qui devint peu à peu quotidien [1].

Au milieu du XVe siècle, les Mystères sont à leur apogée : ils confinent à la religion par leurs origines, à l'histoire et à l'actualité par leur développement. C'est maintenant qu'il convient d'étudier leur mise en scène à ses différents points de vue.

Nulle part, les drames religieux n'ont autant de vogue que dans les États du roi René d'Anjou. Malheureux à la guerre comme dans la politique, et d'ailleurs passablement philosophe, il trouve dans la culture des lettres et des arts, des compensations à ses malheurs. Tout en se livrant à la peinture et à la littérature, il encourage le théâtre. Durant son règne et même après sa mort, la Provence et l'Anjou sont sans cesse occupées aux Mystères. En 1474, le *Mystère de Sainte-Barbe* à Laval est d'un tel intérêt que le Parlement de Paris s'y rend au complet pour « s'en esbaudir » [2].

Le bon roi de Sicile assiste aux représentations ; il s'occupe de la mise en scène et souvent paie les frais qu'elles entraînent.

1. *Journal des savants*, année 1846, page 12, article de M. Magnin sur le théâtre français au moyen âge et L.-G.-N. de Monmerqué et Francisque Michel, *Le théâtre français au moyen âge d'après les manuscrits de la Bibliothèque du roi*. Paris, Firmin Didot, 1839, in-8°.

On peut citer, à côté de la *Passion*, le *Mystère des Actes des Apôtres*, par les frères Greban comme presque aussi populaire. Voir *Les Greban et les Mystères dans le Maine*, par Henri Chardon. Paris, Champion, 1879, p. 16 et 17, d'après le ms. n° 6 de la Bibliothèque du Mans.

Nous sommes heureux de pouvoir adresser à M. Chardon nos meilleurs remerciements pour les précieux renseignements qu'il nous a mis à même de nous procurer.

2. Dom Piolin, *Recherches sur les Mystères représentés dans le Maine*. Angers, 1858, p. 51.

Tandis que René d'Anjou propage les Mystères, tandis qu'à Paris les Confrères de la Passion ou les Enfants sans-soucis jouent dans des salles privées, les ducs de Bourgogne, au contraire, encouragent les entremets et les ballets et créent un théâtre d'un autre genre qui donnera naissance, plus tard, à l'opéra.

Là où René d'Anjou assiste aux Mystères, les représentations sont, grâce à sa munificence, somptueuses et la mise en scène splendide. Peut-être n'en a-t-il pas toujours été ainsi, et plusieurs historiens modernes affirment que si la pièce se donne dans quelque pauvre bourgade, l'échafaud sur lequel montent les acteurs n'a aucune décoration et porte seulement des écriteaux indiquant les lieux où se passent les différentes scènes[1].

Nous n'avons pas pu contrôler leur dire : tout, au contraire, croyons-nous, prouve que les Mystères ont toujours été représentés avec un grand luxe de mise en scène, qui constituait même le seul intérêt qu'ils pouvaient avoir.

Le chapitre suivant, qui traite de l'organisation des théâtres, nous montrera que les représentations eurent surtout lieu dans les villes riches où la municipalité, le clergé, les bourgeois, les princes et même les rois contribuaient aux dépenses et que, dans ces conditions favorables, les Mystères devinrent de considérables entreprises.

III

La disposition du théâtre.

Les préparatifs de certains Mystères, joués dans de grandes villes de province, duraient plus d'une année[2]; on élevait les estrades sur une grande place, dans une plaine, ou même à l'extrémité d'une rue spacieuse, surtout si elle était en pente. Tous

1. Morice, *Histoire de la mise en scène*. Paris, 1836, p. 32; Ludovic Celler, *Les décors, les costumes et la mise en scène*. Paris, 1869, p. 3.

2. Morice, *passim*, p. 119. Le *Mystère des trois Doms* à Romans demanda dix mois de travail et coûta 1,737 florins.

les endroits, d'où l'on pouvait voir le théâtre, étaient occupés par les spectateurs. Si l'on ne construisait pas de loges, il y avait au moins une enceinte réservée, avec bancs et sièges pour les seigneurs et les notabilités. Le peuple se tenait autour de cette enceinte sur des bancs, des bottes de paille ou des sièges qu'on y apportait. Lorsque c'était une place publique, comme à Rouen en 1474, toutes les maisons, d'où l'on pouvait apercevoir le spectacle, regorgeaient de monde; les fenêtres tapissées étaient occupées par les gens riches, les toits, les gargouilles et tous les autres endroits découverts, par les manants. Les représentations duraient quelquefois de dix à vingt-cinq jours; aussi apportait-on à la construction du théâtre un soin et un luxe que l'on n'eût pas consacrés à une représentation d'un jour [1].

A Bourges, en 1536, on se sert des arènes antiques qui subsistent encore; la scène est alors entourée de toutes parts par les spectateurs, comme une piste de cirque. On construit aussi quelquefois de grands amphithéâtres en charpente à plusieurs étages.

Nous les trouvons pour la première fois, en 1437, lors de la représentation de la *Passion* jouée à Metz. L'assistance était installée sur neuf rangs de sièges et degrés, au-dessus et en arrière desquels étaient « grands sièges et longs pour seigneurs et pour prestres » [2]. A Vienne, également pour la *Passion*, en 1510, furent faits « les plus beaux échaffauds qui estoient à deux étages, oultre le bas pour le commun peuple et avoient quatre-vingt-seize chambres serrans à clé, chascune et louoient chascun quatre escus »; le dessus était couvert de tentures blanches et noires resplendissantes au soleil [3]. Ainsi n'avait-on à craindre ni le soleil ni la pluie.

1. *Bibliothèque de l'École des chartes*, 3e série, t. III, *Chronique rimée de Guillaume le Doyen*, notaire à Laval, au xve siècle, par Eugène de Certain, p. 386.
2. C'est sur le texte des chroniques de Metz relatant la mise en scène de ce Mystère qu'a été bâtie l'hypothèse de la scène à étages. M. Paulin Paris et M. Petit de Julleville ont, avant nous, rétabli les faits. Voir Paulin Paris, *La mise en scène des Mystères*. Paris, Dupont, 1850 et Petit de Julleville, *passim*, t. II, p. 12.
3. Petit de Julleville, *passim*, t. II, p. 100.

En 1516, l'amphithéâtre d'Autun était en bois équarri et « contenait deux cent quarante chambres entièrement distinctes, de sorte que ceux qui étaient dans l'une ne pouvaient accéder à l'autre, et que ceux qui étaient dans les chambres supérieures ne pouvaient incommoder ceux qui étaient dans celles du bas »[1]. Toutes ces cellules étaient séparées au moyen de parois intermédiaires en bois et revêtues de lambris. Les loges étaient garnies de barrières « sur le regard du jeu pour garder de tumber avec une poste à travers à cause des petis enfans »; on y parvenait par un escalier extérieur[2]. Là, prenaient place les gens d'église, nobles, sénateurs, chevaliers, gentilshommes, patriciens de la cité. Dans la *cavea* ou partie inférieure, les degrés et les bancs étaient disposés de telle façon que le cercle allait toujours en s'élargissant à mesure qu'on s'élevait; le peuple pouvait s'y placer en foule, à l'abri de toiles de lin qui protégeaient contre la pluie les spectateurs assis ou debout et les acteurs. Ceux-ci couraient au milieu de la *cavea* où scène théâtrale, et étaient séparés du peuple par un fossé plein d'eau et par d'autres obstacles. Dans cet amphithéâtre, quatre-vingt mille hommes pouvaient se rassembler sans peine[3].

Lorsque les souverains honoraient ces fêtes de leur présence, on leur construisait de véritables appartements attenant à leur loge[4]. Au *Mystère de Saint-Vincent* joué à Angers en 1471[5], la mu-

1. Petit de Julleville, *passim*, t. II, p. 106. La description en a été faite par Barthélemi de Chasseneux.

2. Ulysse Chevallier, *Mystères des trois Doms joué à Romans en* 1509. Romans, 1887, p. 20. Ce Mystère a déjà été étudié au XVIIIe siècle dans le *Journal de Paris*, n° 264, 21 sept. 1787.

3. Morice, *passim*, p. 38 et 35.

Ulysse Chevallier, *Mystères des trois Doms*, *passim*, p. 21. « Une immense toile en tente fixée de trois côtés, par des cordages, à d'énormes piliers en bois, et du quatrième côté, par des crochets en fer aux murs de l'église où étaient adossés les échafauds ».

4. Petit de Julleville, *passim*, p. 485, d'après Barthélemi Chasseneux dans son *Catalogus gloriæ mundi*. Genevæ, MDCXLIX, petit in-folio. V. d. duodecima pars, p. 577.

5. Bibl. nat., mss. f. fr. n° 12538. *La Vie et Mystère de saint Vincent en vers et par personnage*. — Petit de Julleville, *passim*, t. II, p. 34 et 562.

nicipalité fit établir pour le roi René un grand échafaudage sur lequel se trouvaient « une grande salle, une chambre de retraict pour ledict seigneur Roy de Sicile, et entre deux cloaisons logis pour *l'échaussonerie*, chambres, retraicts, etc. »[1].

On voit qu'il y avait déjà des buffets ou buvettes comme de nos jours, dans les tribunes de courses.

Au *Mystère de Saint-Genouph* donné en 1490, près de Plessis-les-Tours, où installa, pour Charles VIII, une loge spéciale ; et comme le roi craignait fort les courants d'air, le tapissier Platel colla des bandes de papier sur les interstices des planches qui formaient clôture, et tendit le tout de tapisseries[2].

Les échevins ont un rôle important dans la représentation des *Mystères* : ce sont eux qui les ordonnent ou les autorisent. Ils aident les entrepreneurs des deniers de la ville, quand ils ne prennent pas toute la dépense à la charge du budget municipal ; ils s'occupent de la location des places, dont le prix, en 1494 à Amiens, est fixé par la municipalité à environ 4 francs de notre monnaie pour les loges et 2 francs pour le parterre.

Les échevins, qui président à la location, prient l'évêque et le chapitre de choisir la loge qui leur plaît le plus. Ils s'érigent même en censeurs ou désignent des docteurs qui devront prendre connaissance du *libretto* avant de le laisser représenter, et ils donnent des gratifications aux auteurs qui enrichissent le répertoire[3]. Aussi la municipalité avait-elle toujours une estrade ou des loges spécialement réservées.

A Angers, en 1492, au *Mystère de Madame Sainte Catherine*, le menuisier Jacques Perse avait fait un échafaudage de trois étages pour les maires et les échevins[4]. A Rouen, en 1454, au

1. Voir Lecoy de la Marche, *Extraits des comptes du roi René*. Paris, Picard, in-8°, 1873, p. 329, n° 740.
Voir aussi *Bibliothèque de l'École des chartes*, 3e série t. II, p. 69. Article de M. Célestin Port.

2. Giraudet, *Les Artistes tourangeaux*, p. 331.

3. *La vie municipale au* XVe *siècle dans le nord de la France*, par le baron de Calone. Paris, Didier, 1880, p. 50 et suiv.

4. *Bibliothèque de l'École des chartes*, 5e série, vol. XXI, p. 179. Article de M. Célestin Port.

Mystère de Sainte-Catherine, le conseil de ville, voulant voir à l'aise le spectacle, retint une chambre dans la maison de Jehan Marcel et la « fist moult décorer », ce qui coûta 60 sous [1]. Vingt ans plus tard, dans la même ville, au *Mystère de l'Incarnation et Nativité*, les échevins avaient loué pour eux une maison et y dépensèrent 100 livres pour y faire une installation convenable [2].

A Genève [3], en 1546, comme à Amiens [4], en 1501 et à Romans [5], en 1509, la municipalité avait également des loges spéciales : dans certains pays même les échevins prenaient leur repas dans leurs loges aux frais de la ville [6].

L'usage de réserver une place à la municipalité était général à l'époque des Mystères, c'est-à-dire à la fin du XVe et au commencement du XVIe siècle. On en trouve la preuve dans l'en-tête du « Térence » de Trechsel [7], représentant un théâtre [8] : la scène

1. Petit Julleville, *passim*, t. II, p. 24.

2. Ouin-Lacroix, *Histoire des anciennes corporations de Rouen*, in-8°. Rouen, 1850, p. 468.

3. *Mémoires de la Société d'archéologie de Genève*; t. Ier, p. 151 et 196. Genève, 1841; Grenus, *Fragments biographiques et historiques extraits des registres du Conseil d'État de la république de Genève de 1535 à 1792*. Genève, 1815, f° 13.

4. *Registre des délibérations de la ville d'Amiens*, t. XIX, f°s 63 et suiv. Inventaires de 1488, cote 5, fol. 26. « Le hourt du déluge, cellui des gens du roy, et aussi cellui de messieurs maieur et eschevins » communiqué par M. Viguet, archiviste de la ville. Voir aussi Georges Lecoq, *Histoire du théâtre en Picardie*. Paris, 1880, p. 36 : « A Amiens, à Abbeville, et dans tout le reste de la Picardie les officiers municipaux, les seigneurs se faisaient apporter à manger sur leur hourds (échafauds) ; car des places particulières étaient réservées aux autorités du pays pour qui on construisait des échafauds. »

5. Ulysse Chevallier, *Mystères des trois Doms joué à Romans en 1509*. Romans, 1887, p. 18.

6. « Au jour que on fera l'istoire et mistère de la Passion N. S. ès festes de Pentecoustes prochaines, messgr^s aront un hourt pour voir ledit mistère; disneront ensemble aux dépens de la ville, honnestement et courtoisement et à fraix raisonables, et leur fera appointier à disner le grand compteur et Nicolle de Lulli, le guetteur ou autres et se passeront à la mendre despence qu'ils porront, en les grans affaires de la ville » (de Calone, *op. cit.*, p. 228).

7. Lyon, in-f°, 1493.

8. Nous devons à l'obligeance de M. Edmond Le Blant, membre de l'Institut, qui a bien voulu examiner l'en-tête du « Térence » de Trechsel, le renseignement suivant que nous sommes heureux de communiquer à nos lecteurs :

« Au rez-de-chaussée du théâtre figuré sur la gravure du « Térence » de 1492 se trouve une série de chambres, au-dessus desquelles est inscrit le mot : *Fornices*. Ces chambres n'étaient autres que des repaires de filles publiques qui se

y est comme de nos jours bordée de loges entre colonnes et au-dessus de la loge que nous appellerions aujourd'hui « avant-scène » se lit l'inscription : *Ediles* ; à côté sont les estrades ou galeries pour les assistants riches; elles se prolongent sur tout le pourtour de l'amphithéâtre; en bas est le peuple. L'usage de placer la loge pour le souverain, ou les autorités présidant, en quelque sorte, au spectacle, près de la scène, sur le côté de la salle, existait donc déjà au moyen âge, au moins dans l'est de la France et en Allemagne. Dans l'intérieur de la France, l'usage devait être différent; nous verrons plus loin que le personnage qui présidait à la représentation des Mystères, joués au centre de la France, était installé au milieu de l'amphitéâtre, c'est-à-dire à l'endroit où est aujourd'hui placée la loge royale dans les théâtres italiens. Cette planche montre aussi qu'en 1493 les Mystères les plus importants se représentaient sur un véritable théâtre, avec une véritable salle de spectacle, construite en charpentes pour la circonstance.

La représentation terminée, ces constructions étaient mises à l'encan et démolies par les acheteurs qui les emportaient[1]. Les théâtres, sauf les salles de Paris, n'étaient pas permanents. Ce fut à Lyon, en 1540, qu'un riche bourgeois, du nom de Neyron, fit construire pour la première fois un théâtre destiné à être conservé. Il renfermait trois rangs de galeries ou de loges; le parterre était garni de bancs. Un toit plafonné couvrait le tout et

livraient, aux alentours des théâtres antiques, à la prostitution. Les couples que représente la gravure qui nous occupe ne laissent d'ailleurs, par leur attitude, aucun doute sur la nature des conversations qu'ils entretiennent. »

Voici aussi le résumé de la note lue à l'Académie des inscriptions et belles-lettres, en sa séance du 19 décembre 1890, par M. Le Blant, sur la gravure de Térence que nous lui avons communiquée. Tertullien (*De Spectaculis*, XVII) recommande aux fidèles de fuir les spectacles en leur rappelant que la prostitution s'y étale au grand jour. La Vie de saint Ouen, comme celle de saint Romain, donne à entendre qu'un amphithéâtre, détruit à Rouen par ce dernier, renfermait un lupanar. Ces faits sont confirmés par l'histoire du martyre de sainte Colombe (Bibl. nat., fonds latin, mss. 5265, 5280, 5269) et l'existence d'un lieu de débauche établi dans l'amphithéâtre même ne peut plus être contestée. Voir la gravure publiée dans la *Revue archéologique*, 1891, pl. III.

1. Voir le *Registre des délibérations de la ville d'Amiens, passim.*

sur le plafond des peintures représentaient le Paradis et l'Enfer. Ce théâtre où jouaient des artistes d'occasion ne dura que huit années. Il disparut avec les Mystères, cédant la place à des troupes de comédiens de métier et à un nouvel ordre de choses en littérature[1].

IV

La scène.

Si l'on étudie les Mystères, on voit qu'ils sont tous conçus suivant des règles constantes, et que, partout, les dispositions des décors, quoique variant à l'infini dans les détails, ont toujours certains éléments essentiels identiques.

Les *Mystères* représentent tous la lutte du bien et du mal; aussi le décor doit-il reproduire d'une part le ciel avec Dieu le Père et les anges, d'autre part les démons et l'enfer, figuré par une gueule de dragon qui s'ouvre et se ferme sans cesse. Les autres dispositions varient suivant le sujet du *Mystère*, la richesse des organisateurs et diverses autres raisons.

Les trois unités, surtout celle de lieu, n'étaient pas du fait des *Mystères*. L'action se déployait sans aucun arrêt de temps, et pas un événement ne s'accomplissait en dehors de la vue des spectateurs. L'auteur, loin de chercher à ramener les faits vers quelque centre d'action restreint, les dispersait, au contraire, en autant de lieux que le sujet le comportait « l'action sautait continuellement d'un endroit à un autre; quelquefois elle se passait en plusieurs endroits à la fois »[2]. Pour faire saisir aux spectateurs ces mutations, il les fallait exécuter sous leurs yeux; sans cela la pièce n'eût pas eu de suite.

Il y a deux moyens d'obtenir ce résultat : d'abord, le change-

1. *Histoire littéraire de la ville de Lyon*, par le P. de Colonia. Lyon, 1728-30, 2 vol. in-4°; t. II, p. 429.
Histoire de la ville de Lyon depuis son origine jusqu'en 1846, par J.-B. Monfalcon. Lyon et Paris, 2 vol., 1847-1852, t. I, p. 633.
2. Morice, *Essai sur la mise en scène des Mystères*, déjà cité, p. 36 et 37.

ment successif de décors : en second lieu, la représentation simultanée sur la scène « de tous les lieux où l'action doit conduire les personnages »[1].

De nos jours, on se sert du premier moyen : le décor change successivement, et la scène, restant la même, représente des endroits différents. Au moyen âge, au contraire, on utilisait le second, et le théâtre reproduisait des scènes différentes, côte à côte, préparées avant la représentation; les acteurs s'y transportaient successivement, selon l'endroit où la partie du drame qu'ils jouaient était censée se passer : les peintures murales ou les bas-reliefs de nos vieilles cathédrales du moyen âge[2] représentent ainsi, les unes après les autres, les phases de la vie d'un saint ou les scènes de la *Passion*. Le décor du Mystère était donc fixe; l'action seule était mobile[3].

Comme les scènes des Mystères représentés sur un même théâtre étaient souvent nombreuses, quelques historiens crurent, au XVIIe et au XVIIIe siècles[4], pouvoir émettre l'opinion que les théâtres du moyen âge étaient à plusieurs étages, et qu'à chaque étage il y avait une ou plusieurs scènes différentes sur lesquelles les acteurs passaient en montant ou en descendant.

MM. Paulin Paris et Petit de Julleville[5] ont démontré l'invraisemblance de cette hypothèse; ils ont fait voir que les textes qui ont servi à l'édifier s'appliquaient non pas aux dispositions de la scène, mais à celles des échafauds construits pour l'auditoire. Pour notre part, tout en acceptant l'opinion de M. Paulin

1. *Ibid.*
2. Voir *Journal d'un bourgeois de Paris*, publié par Tuetey (collection de l'histoire de Paris), p. 144.
3. Petit de Julleville, *passim*, t. Ier, p. 387 et suivantes.
4. *Les frères Parfait*. Cette théorie a été acceptée par Victor Fournel dans ses *Curiosités théâtrales* (Paris, 1859) p. 5, et par Émile Morice dans son *Essai sur la mise en scène*. Nous avons dit plus haut sur quel texte mal interprété ils l'ont établie.
5. Paulin Paris, *Cours de littérature du moyen âge au Collège de France*; leçon du 7 mai 1877. Alphonse Royer dans son *Histoire du théâtre*, a le premier pris parti pour la théorie que M. Paulin Paris avait exposée au Collège de France. Voir Ier vol., p. 153 et suivantes.

Paris, nous croyons que dans quelques cas, certains décors d'échafaudage étaient à deux étages.

Le Paradis, les places des prophètes, par exemple, ou tout autre endroit occupé par des figurants furent quelquefois installés au 2ᵉ étage, tandis que l'Enfer était souvent situé au-dessous de la scène proprement dite et que figurait notre monde. Cette disposition permettait de mettre simultanément sous les yeux des spectateurs une scène se déroulant à la fois sur terre et aux Enfers. Ainsi dans le *Mystère de la Passion*, on voyait l'âme d'Hérode, entraînée en Enfer, y subir les plus cruelles tortures, tandis qu'on assistait sur terre aux funérailles magnifiques dont on honorait sa dépouille mortelle[1].

La scène elle-même affectait divers contours : elle était tantôt ronde, tantôt elle avait la forme d'un croissant, mais le plus souvent elle avait celle d'un rectangle allongé. Le premier plan ou scène proprement dite, qu'on appelait *champ*, était l'endroit où se passaient les grands événements, où les acteurs discouraient ; au fond, derrière le *champ*, s'élevaient les décors, maisons, monuments, toujours ouverts du côté du public. Ces décors étaient placés à côté les uns des autres : pour la *Passion* par exemple, il y avait le palais de Pilate, le temple de Jérusalem, la montagne du Golgotha et la grotte de la Mise au tombeau sur une même ligne.

La dimension de la scène variait : ainsi la *Passion*, représentée en tableaux vivants, en 1420, pour l'entrée des rois de France et d'Angleterre à Paris, était jouée sur un échafaud de 100 pas de long[2], tandis qu'à Romans, en 1509, au *Mystère des trois Doms*, l'échafaud avait seulement 36 pas de long sur 12 de large ; il était construit sur piliers dans une cour rectangulaire et adossé à une église[3].

1. G. Brouchond, *Les Origines du théâtre de Lyon*. Lyon, Scheuring, 1865, p. 11.
2. Voir *Journal d'un bourgeois de Paris*, publié par Tuetey, *passim*, p. 144.
3. Ulysse Chevalier, *Mystère des trois Doms joué à Romans en* 1509. Romans, 1887, in-f°, p. 20.

Les parties différentes de la scène construite à Rouen, en 1447, pour la représentation du *Mystère de l'Incarnation et Nativité* nous sont connues : « estoient les establies assises en la partie septentrionale du *neuf marché,* depuys l'hostel de la *Hache couronnée* jusqu'en l'hostel où pend l'enseigne de l'*Ange.* Premièrement vers orient, paradis ouvert fait en manière de thrône et réons[1] de tout entour. En milieu duquel est Dieu en une chaiere parée et au costé destre de lui Paix et soubz elle Miséricorde. Au senestre Justice et soubz elle Vérité et tout entour d'elles IX ordres d'anges les ungs sur les autres..... La maison des parens Nostre Dame ; son oratoire ; la maison de Elizabeth en montagne; le logis de Syméon; le temple de Salomon; la demeure des Pucelles; l'ostel de Gerson scribe; le lieu du peuple payen; le lieu du peuple des Juifs; le lieu de Joseph et de ses deux cousins; la crache es bœufs; le lieu où l'on reçoit le tribut; le champ aux Pasteurs contre la tour Ader; le chasteau de Sirin prevost de Syrie; le temple Apollin; la maison de Sybille; le logis des princes de la Synagogue; la chambre de l'empereur; le throsne d'icelluy; la fontaine de Romme; le Capitole; Enfer faict en manière d'une grande gueulle se cloant et ouvrant quant besoing en est. Le limbe des Pères faict en manière de chartre et n'estoient veus sinon au dessus du faulx du corps; les places des prophètes en divers lieux hors des autres. » En tout vingt-quatre lieux divers, plus les échafauds des prophètes probablement placés dans l'auditoire, ou dominant la scène, au-dessus de l'une des constructions précitées.

On le voit, le décor commençait d'un côté par le Paradis et finissait de l'autre par l'Enfer.

Le Paradis à Rouen était à plusieurs étages : Dieu le Père siégeait sur un trône fort élevé au-dessus du plan de la scène; diverses estrades ou gradins le séparaient de ce plan et, sur ces gradins, se plaçaient la figure de la Justice et les neuf ordres

1. Rayons.

d'anges qui l'entouraient. Quant à la mansion où étaient les Pères de l'Église, elle se trouvait, comme cela s'est présenté en plusieurs autres circonstances, dans une des loges, au milieu de l'assistance[1].

Les divisions de l'estrade, constituant chacune une scène indépendante, s'appelaient *sièges*, *mansions*, *loges*. Rien de fixe dans la forme de la scène qui changeait suivant son emplacement : tantôt elle était adossée à une muraille existant déjà ou construite en planches; tantôt elle était sans face ni derrière, et l'assistance l'entourait de toutes parts, comme nous le montre le plan à la plume du manuscrit de Donauschingen[2].

La pièce se jouait comme dans les cirques. Ainsi avons-nous vu, en 1536, la *Passion* jouée à Bourges. Outre le dessin à la plume de Donauschingen, nous avons la représentation d'un Mystère sur une miniature de Jehan Fouquet exécutée pour le livre d'Heures d'Étienne Chevallier[3], datant par conséquent de 1460 environ. La reproduction d'un Mystère par Jehan Fouquet a d'autant plus d'intérêt qu'elle est évidemment prise sur le vif; car il fut chargé, en 1461, de monter les Mystères qui devaient être joués à l'entrée de Louis XI à Tours.

Quelque importante et intéressante que soit cette figuration, elle paraît avoir été, jusqu'à présent, inconnue des différents auteurs qui ont écrit sur la mise en scène des Mystères. Elle représente le martyre de sainte Apolline; la sainte est étendue, liée sur une planche; le bourreau lui arrache la langue avec des tenailles, deux de ses aides la ligottent, tandis qu'un autre, qui vient de se livrer à des actes d'une inconvenance grossière sur la martyre, remet ses braies[4]; un sergent à verge lit la sentence

1. E. Morice, *passim*, p. 40 et 41.

2. Mone, *Schauspiele des Mittelalters*. Manheim, 1852, et Karl Hase, *Das geistliche Schauspiele*. Leipzig, 1858. La planche assez informe de ce manuscrits a été reproduite dans Kœnnecke, *Bilderatlas für Geschichte der Nationallitevatur*. Marburg, 1887, p. 54 et 55.

3. Aujourd'hui en la possession de M. Funck-Brentano, reproduit par Curmer, p. 189.

4. Les détails du réalisme le plus ignoble abondent dans les Mystères et du

et un magistrat, en robe rouge, assiste à l'exécution. L'empereur Decius est près de la patiente, des diables se tiennent derrière chacun des bourreaux, les excitant « à la méchanceté ». L'estrade sur laquelle est cette scène est à peu près de la hauteur d'un homme ; elle est établie sur des fascines et fait le diamètre d'un cercle formé par la ligne des loges en demi-cercle.

Nous sommes donc en présence d'un Mystère représenté à la façon du théâtre antique, avec cette différence que les gradins sont remplacés par des loges ; autour de l'échafaud et contre lui l'auditoire est debout ; plus loin, en amphithéâtre se trouvent des échafaudages constituant des loges où sont des personnages. A l'extrémité gauche des loges, près de la scène, se trouve l'Enfer simulé par une énorme tête de dragon qui se raccorde avec le plancher de l'estrade, et permet aux diables de passer, de plein pied, de la scène à l'Enfer. Si l'on parcourt les loges, on voit que l'une d'elles est réservée pour représenter le Paradis ; on aperçoit les anges, le chœur des Bienheureux, et à côté l'orchestre composé de nombreuses trompettes, de formes plus ou moins biscornues, et d'un orgue avec ses nombreux tuyaux. Le Paradis communique avec la scène par un praticable ou long escalier de bois qui passe par-dessus la tête des assistants debout. Ceci nous prouve que certains acteurs étaient en même temps spectateurs et se tenaient, suivant les circonstances, de la loge sur l'échafaud ; Dieu le Père, par exemple, présidait à la représentation en spectateur ; c'était la façon la plus vraisemblable de lui faire jouer son rôle, puisqu'il n'était pas acteur du drame, mais seulement le juge suprême, qui, de haut, assiste aux événements et dont rien ne peut troubler la sérénité. Quelquefois il descendait de son trône comme le « deus ex machina » des anciens et apparaissait sur la scène pour changer la face des choses.

Dieu le Père n'était pas seul à prendre part à la représentation du Mystère comme acteur et comme spectateur, car toujours, dans

reste certains livres religieux ne se privent pas (plus que les théâtres) de les représenter.

la même miniature, nous voyons sur l'échafaud un monarque qui représente évidemment l'empereur Decius faisant martyriser sainte Apolline ; dans la loge centrale, le siège du président, une « chaiere » toute garnie de coussins est vide, et une échelle semble montrer suffisamment qu'il vient de la quitter. Nul doute que le président ne soit le roi qui apparaît sur la scène à certains moments. En un mot, le spectacle s'étendait à tout l'auditoire.

Dans le *Mystère de Saint-Didier*, l'empereur Honorius jouait à peu près le même rôle que l'empereur Decius. Pendant tout le temps qu'il n'agissait pas (et son rôle était assez court), il demeurait assis sur son trône comme un mannequin, mais ce trône, au lieu d'être dans une loge de spectateurs, était sur la scène dans la mansion qui représentait le palais impérial.

Nous avons vu le Paradis dans le *Mystère de la Passion* de Rouen, en 1474, avec Dieu le Père, sur la scène, au même étage que les autres mansions ; nous le verrons encore disposé ainsi, dans le *Mystère de Valenciennes*, de 1547. Mais cette position était loin d'être fixe ; le plus souvent, le Paradis s'élevait au-dessus des autres mansions et devait les dominer ; il était alors au second étage. On trouve la preuve de cette élévation du paradis dans les *Miracles de Notre-Dame* où Jésus descend du Ciel en personne avec son cortège accoutumé[1] ; dans celui de la *Résurrection* où Jésus-Christ s'élève avec cinquante et une âmes figurées par des effigies en papier ou en parchemin ; car cinquante et une personnes auraient été trop lourdes à soulever par des trucs. Dans le *Mystère du Vieil Testament* on trouve continuellement des mentions de ce genre « ici l'ange remonte au Paradis » ou bien « descend du Paradis »[2]. C'est sans doute en raison de son élévation au-dessus du reste des décors que l'on a donné le nom de *paradis* aux galeries supérieures des salles de spectacle modernes[3].

1. Petit de Julleville, *passim*, t. I, p. 163.
2. Voir *Le Mystère du Vieil Testament*, publié par M. J. de Rothschild dans la Collection des anciens textes.
3. Voir Albert Réville, *Revue des Deux-Mondes*, *passim*. Voir aussi pour l'élévation du Paradis : Ulysse Chevallier, *Mystères des trois Doms*, *passim*, p. 21.

La place des prophètes ou des saints assistant à la représentation était souvent aussi au-dessus des autres mansions. Avec Dieu le Père, ces prophètes ou ces saints voient de haut ce qui se passe sur la terre, et les *Mystères* leur donnent, en conséquence, une place qui rappelle celle que leur a assignée Raphaël dans la disposition générale de la fameuse fresque de la *Dispute du Saint-Sacrement*, dans la chambre de la Signature au Vatican. Les limbes étaient figurés par une tour construite à jour dans laquelle les âmes des morts paraissaient souffrir.

La miniature du manuscrit du *Mystère de Valenciennes*[1], qui a été restituée par les soins de M. Nuitter pour l'exposition universelle de 1878[2], nous confirme ces dispositions générales des décors de la scène. Sur une estrade large de 50 mètres et profonde de 25 mètres, un pavillon ouvert, supporté par deux colonnes, représente la ville de Nazareth ; un second pavillon renfermant un autel figure le temple ; une muraille percée d'une porte derrière laquelle on aperçoit une ville, représente Jérusalem ; le palais d'Hérode laisse voir, par une ouverture, le roi assis sur son trône, au devant de la scène; un bassin carré avec un bateau figure le lac de Tibériade ; à droite, la gueule du dragon simule l'Enfer et au milieu du tout, se trouve le Paradis ou trône le Père éternel.

Les Mystères eurent aussi leur vogue en Allemagne, mais il semble que les écrivains d'outre-Rhin ont moins étudié le théâtre allemand du moyen âge que celui de notre pays. On ne connaît guère que la figuration du Mystère allemand déjà citée du manuscrit de Donauschingen ; encore est-elle du XVIe siècle. Elle est accompagnée d'un texte expliquant la disposition de la scène : on y compte dix-huit mansions ou emplacements particuliers sur une scène de forme rectangulaire, et chacune de ces cons-

1. Voir *Le Catalogue de l'Exposition théâtrale de* 1878, par M. Nuitter. Le manuscrit du *Mystère de Valenciennes* existe en trois copies. Bibl. nat., f. fr., n° 12536 ; Bibl. de Valenciennes, n° 527 et Collection de la marquise de La Coste.

2. Par MM. Gabin et Duvignaud.

tructions placées aux deux extrémités du rectangle laisse au milieu un espace vide « un emplacement commun » (*gemeinsame Burg*), c'est-à-dire la scène où se fait le récitatif et où se représentent les principaux épisodes du drame[1].

En 1889 la fameuse scène d'Oberammergau était encore disposée ainsi : au centre d'une immense estrade s'élevait un théâtre semblable au *gemeinsame Burg* du XVIe siècle, tandis qu'aux deux extrémités de l'estrade en rectangle étaient de petites maisons figurant la demeure de Pilate et le palais d'Hérode.

M. Robert Pröls[2] définit aussi la scène des Mystères du moyen âge « un parloir commun » (*allgemeiner Sprechplatz*) et se rapporte pour le détail de la disposition aux idées formulées par M. Paulin Paris et citées plus haut[3].

Mais tout en suivant son argumentation assez embrouillée, il arrive à conclure, comme MM. Mone et Hase, que les théâtres des Mystères allemands avaient comme dispositions générales, outre un « parloir commun », des emplacements particuliers des deux côtés de la scène. Les emplacements étaient à plusieurs étages : à l'extrême gauche aurait été le Paradis, à l'extrême droite l'Enfer. Toute l'étude de M. Pröls paraît s'appuyer beaucoup plus sur des documents ou travaux récents consacrés au théâtre français et il ne semble les appliquer au théâtre allemand que par analogie.

M. Mone[4] a admis l'opinion que la scène en Allemagne était toujours entourée de toutes parts de spectateurs placés en amphithéâtre suivant le principe des cirques antiques. C'est, à notre avis, un cas particulier qu'il ne faut pas généraliser.

Tels sont les seuls documents positifs que nous ayons sur la disposition des scènes allemandes construites pour les représentations de Mystères. Mais pour avoir été moins fréquents qu'en

1. Voir Karl Hase, *Das geistliche Schauspiel*. Leipzig, 1858, p. 34, *passim*.
2. Robert Pröls, *Geschichte des neueren Dramas*. Leipzig, 1880-1883, t. Ier, p. 173.
3. Paulin Paris, *Leçon au Collège de France, du 7 mai 1855*.
4. Mone, *Schauspiele des Mittelalters*. Karlsruhe, 1846 ; Karl Hase (*Das geistliche Schauspiel*, p. 35) a discuté sa théorie.

France, les Mystères allemands n'en eurent pas moins une importance considérable. En 1498, entre autres exemples, à Francfort, deux cent soixante-cinq personnages parurent sur la scène ; en 1514, dans la même ville il n'y a pas moins de six cents personnages, et au siècle suivant un Mystère joué à Lucerne compte encore trois cents personnages[1]. Au xve siècle les corporations s'adonnaient surtout au théâtre. Au xvie siècle, les bouchers, à Fribourg-en-Brisgau, jouaient tous les sept ans la Passion, comme les habitants d'Oberammergau la jouent actuellement tous les dix ans.

Concluons donc, qu'en Allemagne, le théâtre liturgique possède une mise en scène identique à celle qu'il a en France et que, dans les deux pays, les errements sont les mêmes.

V

La plantation du décor et la machinerie.

La plupart du temps, les monuments ne sont pas reproduits à leur grandeur exacte, c'eût été impossible : dans la miniature du *Mystère de Valenciennes*, une muraille percée d'une porte, entre deux colonnes, représente Nazareth ; un pavillon à colonnes entouré d'une balustrade, avec un autel, sur lequel est l'arche d'alliance, figure le temple de Jérusalem. Les villes sont indiquées par un ou deux monuments réduits, tels que nous les représentent les miniaturistes dans les manuscrits des xive et

1. Cette multitude d'acteurs, comme aussi l'affluence des spectateurs et la longue durée des pièces, donnèrent naissance en Allemagne à des habitudes d'intempérance et d'ivrognerie caractéristiques. « Comme les représentations duraient de nombreux jours, quelquefois même de nombreuses semaines, naturellement, ni le public ni les acteurs ne pouvaient rester aussi longtemps le gosier sec. Il fallait festiner, et avant tout, suivant la louable habitude allemande, il fallait boire quelque chose et quelque chose de réconfortant; aussi des repas, des banquets, des bacchanales venaient-ils s'ajouter aux représentations liturgiques. Et plus d'une fois nous savons que la pièce n'a pu être jouée jusqu'au bout parce que le saint Abraham s'est cassé le cou, étant ivre, ou bien parce que Chérubin et Séraphin se sont battus et mis la figure en sang... »

Prutz, *Vorlesungen über die Geschichte des deutschen Theaters*. Berlin, 1847, p. 18.

xve siècles ; un bassin carré avec un bateau doit donner l'illusion de la mer[1]. Une partie de ces mansions se ferme avec un rideau, derrière lequel se représentait la naissance ou la mort de la Vierge : on levait le rideau et l'on apercevait une femme étendue dans un lit. Le rideau jouait aussi un grand rôle pour les pièces où l'action se transportait de lieux publics, comme une place ou une rue, dans un intérieur. Alors des mansions, fermées par des tentures, tenaient lieu, au fond de la scène de l'intérieur, des maisons bordant la place ou la rue. Tant que l'action se déroulait sur la place, les rideaux restaient fermés; mais si elle se passait dans l'intérieur, on tirait les rideaux et les acteurs, entrant dans la mansion, y continuaient leur jeu. On peut voir en détail ces procédés de mise en scène dans les gravures du « Térence » de Trechsel[2]. En dehors de ces jeux, les rideaux servaient à cacher les personnages qui, dans la pièce, avaient un rôle que le public ne devait pas voir : ils se retiraient alors derrière, mais cette sortie de scène n'existait que par extraordinaire ; car, lorsque les acteurs n'avaient plus à figurer dans la pièce, ils se tenaient sur les bas côtés de l'estrade, ou bien dans l'auditoire, à une place reliée à l'échafaud par un praticable.

L'Enfer, quelle que soit sa place sur l'échafaud, est toujours, croyons-nous, figuré par une gueule de dragon, qui s'ouvre et se referme ; cette représentation de l'Enfer paraît même dater du XIIe ou du commencement du XIIIe siècle ; les diables y entrent et en sortent continuellement. Il existe dans les pièces provenant des Menus Plaisirs, un dessin de gueule d'Enfer, postérieur à l'époque des Mystères, et la représentant telle qu'elle était au XVe siècle[3]. Ce dessin la reproduit sous plusieurs aspects, de face et de côté ; il donne le détail descriptif de son mécanisme et l'explique clairement de la façon suivante : la gueule, de grandeur

1. Voir Nuitter, *Catalogue de l'Exposition de* 1878, *passim.*
2. Lyon, 1493, *passim.*
3. Ce dessin avec le recueil qui le contient provient de Papillon de la Ferté; il est aujourd'hui dans la collection James de Rothschild et nous tenons à remercier particulièrement M. Picot qui nous l'a montré et qui a bien voulu mettre à notre disposition les documents déjà réunis par lui sur l'histoire du théâtre.

d'homme, doit être en étoffe ou en cuir peint de la couleur que l'on donne au dragon ou autres animaux ; aux extrémités de la bouche, sont fixées des armatures en bois ou en fer, en forme de de demi-cercle. Ces demi-cercles, tous réunis par un écrou aux deux extrémités de la bouche, s'écartent à volonté dans leur partie supérieure ; recouverts de la toile qui représente la tête du dragon, ils ressemblent à une capote de cabriolet s'ouvrant et se refermant à volonté. Sur le milieu et au devant de la capote est simulé un museau, tandis que deux gros yeux sortent de chaque côté. Comme le mécanisme joue facilement pour l'entrée et la sortie, les diables peuvent, sans difficultés, soulever et rabaisser la capote, et pénétrer rapidement de la scène dans le réduit qui simule l'Enfer et réciproquement. La gueule d'Enfer resta en usage fort longtemps dans les représentations de théâtre puisque dans la représentation du ballet *la Poma d'oro* qui eut lieu à Vienne en 1468 devant l'empereur d'Allemagne, le théâtre représentait une gueule énorme de dragon dont la bouche ouverte laissait apercevoir au fond de son palais une ville en flammes peinte en trompe-l'œil sur la toile de fond.

En Allemagne, la mise en scène paraît être moins soignée qu'en France. L'Enfer était figuré quelquefois par un grand tonneau d'où le diable sortait et dans lequel il rentrait sans cesse. Pour simuler la montagne de la Tentation, on se servait également quelquefois d'un tonneau identique, placé dans le sens de la hauteur [1].

En France, l'art du machiniste était assez développé, quoiqu'il n'y eut point de changements de décor à vue. Outre la gueule de l'Enfer qui s'ouvrait et se refermait continuellement, il y avait des appareils mécaniques fort perfectionnés.

Les machines au moyens desquelles s'opéraient les vols, et que l'on appelait « voleries » ou « voulleries » jouaient un rôle fort important dans les Mystères. Souvent des personnages s'élevaient de la scène et disparaissaient dans les nuages ; des anges descen-

1. Voir Karl Hase, *Das geistliche Schauspiel*, Leipzig, 1858, p. 37.

daient du ciel sur la terre, ou y remontaient. Des bateaux ou des chars naviguaient ou circulaient sur la scène, des bâtiments s'y écroulaient quelquefois avec fracas. Il y avait de grands jeux de trappes pour les substitutions de personnages.

Toutes ces machines, déjà inventées au xve siècle, devaient faire le bonheur de nos pères durant trois cents ans ; sous le règne de Louis XIV elles forment encore, au théâtre, presque le principal attrait pour la ville et la cour.

Le bois servait exclusivement à la construction du théâtre[1] et des « mansions » : « Le Paradis terrestre, dit l'auteur du *Mystère de la Résurrection*, doit estre faict de papier, au dedans duquel doit avoir branches d'arbres, les uns fleuris, les autres chargés de fruictz de plusieurs espèces, comme cerises, poires, pommes, figues, raisins et telles choses artificiellement faictes, et d'autres branches vertes de beau may, et des rosiers, dont les roses et les fleurs doivent excéder la hauteur des carneaux (créneaux) et doivent estre de fraiz coupez et mis en vaisseaux pleins d'eau pour les tenir plus freschement[2]. »

En général, le papier peint, les étoffes, le carton et tout ce qui constitue aujourd'hui l'industrie du tapissier servaient à la décoration des échafauds. Quelquefois les fleurs étaient « au naturel »; dans le *Mystère du Vieil Testament*[3] « on doit montrer un beau Paradis le mieux faict qu'il sera possible, bien garni de toutes fleurs, arbres et fruits les plus beaux, selon la saison qu'il sera possible ». Pour figurer le ciel, on tend un vaste rideau bleu au

1. Petit de Julleville, *Les Mystères*, déjà cité, t. I, p. 402, et E. Morice, *Essai sur la mise en scène*, déjà cité, p. 57.

2. Ulysse Chevalier, *Mystères des trois Doms joué à Romans en* 1509. Romans, 1887, in-8°, p. 18. La représentation n'avait point été négligée par les commissaires. Dès le 30 décembre 1508, un marché passé avec trois *chappuis* (charpentiers) de Romans, Jean Lambert dit Caffiet, Jean Roux et Pierre Pérat, obligeait ces derniers à construire les échafauds et la plate-forme pour le Mystère des trois *Martyrs*, ainsi que les châteaux, villes, tours, tourelles, paradis, enfer; à fournir les grosses pièces pour les piliers des tentes et généralement tous les ouvrages en bois concernant les *feintes* ou décorations moyennant le prix de 412 florins, « d'après les préceptes du Conseil de ville de Romans. »

3. *Mystère du Vieil Testament*, *passim*.

moyen d'une ficelle après deux mâts, « adonc se doit montrer un ciel peinct tout semé d'étoiles. » Du reste, une quittance du xve siècle nous indique, mieux que toutes les descriptions, les procédés de travail des décorations : « Item y ot fait la forme et figure de la grosse thour que m. d. s. fait faire à Gorincheu, toutte de charpenterie qui estoit de XLVI piez de hault et de grosseur à l'avenant, couverte de toille painte de machonnerie, d'argent et escalle d'azur et les fenestres, les créteaulx et les pomeaulx tout doré d'or, la cappe richement estoffée d'or et d'azur, ayant banières sur chacune fenestre armorées des armes de m. d. s. »[1].

De nos jours on aurait sablé les tréteaux pour empêcher les acteurs ou les animaux qui s'y mouvaient d'y glisser et de tomber ; il est vraisemblable qu'alors on le couvrait d'herbe fraîchement coupée, c'est du moins ce que rapportent plusieurs érudits[2].

Dieu le Père, placé sur son trône ou dans le Paradis comme à Valenciennes en 1547, avait derrière lui un soleil et des rayons en bois recouverts de papier doré. Ces rayons étaient mus par une manivelle et tournaient sans cesse. Parfois, pour mieux simuler le séjour des bienheureux, des anges maintenus dans les combles par des ficelles voltigeaient sur des fonds de toile bleue parsemés d'étoiles d'or[3].

1. Voir Louandre, *Histoire d'Abbeville et du comté de Ponthieu*, t. I, p. 316.

2. De Laborde, *Les Ducs de Bourgogne*, t. II, p. 326. Voir aussi à ce sujet la mention suivante de « l'Eschevinage d'Amiens tenu le XVIe jour de novembre 1501. Sire Richier de Saint-Fuscien, maieur :

« Messires sur ce en conseil et advis ensemble ont ordonné que pour le bien et prouffit de la ville l'on vendra les matères de bos estant au lieu que on dit le Four des Camps, est assavoir le Paradis, l'Enfer, les hourts du Roy et de la ville, le déluge, le pénacle et autres matères de bos, le cordail, roues de.....? et autres appartenant à la ditte ville qui sont demourez du Mystère de la Passion dernièrement joué en la ditte ville et qu'on les vendra à la chandeille, au plus offrant à la chandeille au dit lieu du Four des Camps le jour Saint Nicolas prochain venant et que ce sera publié par les paroisses d'icelle ville et à ce seront commis aucuns de mesdits sieurs tel qu'il leur plaira. » (Reg. aux dél. t. XIX, fol. 62 v°.) *Archives municipales d'Amiens.*

Communiqué par M. Viguet, archiviste de la ville d'Amiens, que nous remercions bien vivement de son amabilité.

3. Voir le manuscrit du *Mystère de Valenciennes* en 1547 de la collection de M. le marquis de la Coste, reproduit dans le *Catalogue de l'Exposition théâtrale de* 1878, par M. Nuitter.

Lorsque le théâtre est au centre de l'auditoire, s'il y a lieu de construire des mansions, on les construit à jour, c'est-à-dire figurées par quatre poteaux surmontés d'un toit ; ce qui permet de voir de tous les côtés les personnages qui y jouent. Mais il est probable que les échafauds entourés de monde de toutes parts n'avaient aucune construction à élévation, et que des indications suffisaient[1].

La façon de simuler la nuit ou les ténèbres est restée un des problèmes de la mise en scène du moyen âge. Au moment où Jésus-Christ expire, dans la *Passion*, le livret porte : « Ici faict ténèbres » : plusieurs auteurs ont supposé que l'on tendait alors un grand voile noir ; cette façon d'opérer ne paraît avoir été qu'un signal convenu signifiant au spectateur qu'on aurait dû simuler la nuit. Il eût été impossible, étant donnée la disposition de la scène que nous connaissons, de la couvrir entièrement d'un voile.

Pour nous, nous croyons plutôt à des effets de fumée, qu'utilisaient souvent les entrepreneurs de Mystères[2] ; lorsque Jésus était transporté du haut du temple sur la montagne, on le cachait ainsi que le diable dans un nuage de fumée, pendant tout le temps que durait l'enlèvement.

Le tonnerre et les éclairs se voient souvent dans *Le Vieil Testament*; le tonnerre se fait au moyen de pierres que l'on secouait fortement dans un tonneau. Quant aux éclairs, au xve siècle, la pyrotechnie fournissait des moyens qui permettaient facilement de les produire; on en trouve un exemple dans le compte de la représentation du *Mystère de la Nativité*, qui eut lieu à Amboise en 1497 : « Achat de treize fuzées pleines de poudre à canon et d'une livre de poudre pour servir à jouer ledict Mystère, douze desquelles fuzées furent mises en ung idolle et l'autre fuzée en paradis, laquelle fut gectée dudit lieu à lad. ydolle pour icelle brusler[3]. » Au *Mystère de Sainte-Barbe*, joué à Laval

1. Mone, *passim*, p. 157-158.
2. Voir Piolin, *Les Mystères dans le Maine*, p. 30.
3. Chevalier, *Les Archives communales d'Amboise*, p. 201 — Comptes de la ville d'Amboise, CC. 112, année 1497, f° 33.

en 1493, on signala « une bête énorme qui vomissait du feu par les yeux et les naseaux »[1].

VI

Costumes, diables, sots, fous, jeux de mise en scène.

La recherche de l'exactitude du costume n'existant pas, les acteurs portaient celui de l'époque où ils vivaient. Ce n'est pas nous qui les blâmerons de ce que certains auteurs ont appelé un « anachronisme ». Les Mystères, comme la plupart des pièces de théâtre historique, représentent moins des scènes et des personnages de l'histoire à laquelle leur sujet est emprunté qu'un drame et des scènes de mœurs du moment où ils sont faits. Le costume contemporain nous paraît donc, dans bien des cas, convenir mieux que celui que l'archéologie se déclare souvent impuissante à réaliser. Dans les Mystères, ce ne sont pas les mœurs du temps de Jésus-Christ ou celles du Vieux Testament qui sont représentées; ce sont les idées, les mœurs, la manière de voir et les costumes d'alors que l'on y trouve décrits : ce sont donc les personnages, les habitudes et les milieux du xve siècle qui y étaient représentés.

Les empereurs romains ou Hérode, celui des rois qui apparaît le plus souvent dans les Mystères, étaient vêtus comme les rois de France du xve siècle, avec le grand manteau et la couronne sur la tête; pour toute distinction ils portent la barbe[2]; quelquefois, comme ce sont des princes païens, on leur donne des costumes d'infidèles du xve siècle, c'est-à-dire de Turcs ou de Polonais, habillés à la façon dont Gentile Bellini peignait les

1. L'abbé Anis, *Les mystères représentés à Laval*, 1887, in-8, p. 9.

2. Lors de l'entrée de Charles le Téméraire à Dijon en 1474, le peintre Mounot Grindet reçut un franc pour le louage de XXIII barbes pour les prophètes et en 1494 aux Mystères joués à Dijon lors de l'entrée de Charles VIII, le peintre Perronet Rousseau avait fourni « deux barbes pour prophètes » et la perruque de « l'omme pendu » (*Mémoire de la Commission des antiquités de la Côte-d'Or*, t. XI, années 1885 à 1888, p. 243 ou 245, article de M. Gouvenain, archiviste du département).

Orientaux [1]. Le Christ et les Apôtres allaient nu-pieds et portaient également la barbe. Le Christ devait figurer avec les habits que la tradition lui a donnés, tels, du reste, que nous le représentent les toiles peintes de l'hôpital de Reims ou toutes les figurations sont du xve siècle. On lui peignait sur les mains et sur les pieds les stigmates. La Vierge et sainte Anne sont vêtues à la façon des religieuses du moyen âge, telles que le sont encore aujourd'hui les Carmélites. Les prêtres ou religieux, qui figuraient le Christ et les apôtres, obtenaient la permission de laisser pousser leur barbe, afin de mieux rentrer dans leur rôle [2]; car on eût trouvé trop profane pour eux de s'affubler de postiches. Dans la scène de la *Passion*, le Christ était complètement nu ; du reste, Adam et Ève, dans le *Mystère du Vieil Testament*, étaient également nus dans les premières scènes. La pudique Angleterre montrait aussi, sur ses échafauds du xve siècle, nos premiers parents dans leur costume naturel. Le texte de l'un des manuscrits des mystères anglais de Coventry [3] indique dans le dialogue leur nudité complète ; ils doivent même prendre des feuilles d'arbre pour dissimuler certaines parties de leur corps [4].

La suite des rois était celle des seigneurs du temps; on les voyait souvent tenant le faucon sur le poing ou accompagnés de lévriers. Au *Mystère de Jules César*, joué à Amboise en 1500, on fit venir du château « des cuirasses, harnois, jambières, garde-bras et salades » pour représenter les légionnaires et les lieutenants de César [5].

1. Voir l'édition de *Hrovista* de Nuremberg, 1500.

2. *Mémoires de la Société des Antiquaires de l'Ouest*, année 1841, p. 247, Représentations dramatiques à Amboise aux xve et xvie siècles par M. Cartier : « on se servait de postiches, mais les prêtres, considérant ces barbes d'emprunt comme un déguisement trop profane, demandèrent à l'évêque la dispense de raser leurs barbes afin de mieux figurer les Apôtres et les Juifs. »

(*Mémoires de l'Académie de Dijon*, 3e série, t. X, année 1887, p. 310, article de M. de Serrigny et *Comptes du Myst re de Romans*, déjà cité.

3. Musée Britannique, mss., fonds Cotton, Vespasien D. VIII.

4. Hone, *Ancient Mysteries described*, Londres, 1823.

5. C. Chevalier, *Archives communales d'Amboise*, p. 53. Comptes de la ville d'Amboise, AA. 131, du 2 décembre 1500. Entrée solennelle d'Anne de Bretagne, f° 8.

Dans le *Mystère du Vieil Testament* on trouve cette mention qui peut nous faire rire : « Ici se promène Nabuchodonosor, le maréchal, le premier maître et le deuxième de l'artillerie faisant manière de regarder l'ordonnance des gendarmes. »

Comme nous l'avons expliqué plus haut, le Nabuchodonosor des Mystères n'est pas le roi de l'Écriture; c'est un prince du xve siècle qui vit selon son temps : il a les passions, les sentiments et les mœurs de son auditoire. Il n'est donc pas si ridicule de l'entourer ainsi; il le serait davantage, étant donné l'esprit du rôle, de représenter ce roi avec des Asiatiques de dix siècles avant notre ère.

On s'étonnera, du reste, encore moins des anachronismes des Mystères au xvie siècle, lorsqu'on se rappellera que durant le Congrès de Vienne, au xixe siècle, au milieu des fêtes qui furent données dans la capitale de l'Autriche à l'occasion de cette réunion de souverains et de diplomates qui décidaient du sort de l'Europe, le premier théâtre de cette ville monta splendidement une pièce intitulée *Comédie sacrée de David* qui depuis 1806, avait déjà fait le tour de l'Allemagne.

On voyait dans cette pièce cinq cents hommes des troupes autrichiennes figurant des Philistins, des Juifs ou des Amalécites avec fusils et bayonnettes, livrer sur la scène un combat de mousqueterie des plus nourris. Les empereurs Alexandre et François, le roi de Prusse et les plus fins diplomates d'alors, princes de Bénévent ou comte de Nesselrode, ne se faisaient pas faute d'assister à ce spectacle, qui est resté un des plus remarquables dans les annales des pompes et des fêtes de la monarchie autrichienne.

Dans la *Passion* de Jésus-Christ, les centurions portent une armure complète avec bassinet; les saintes femmes ont les habits que portaient les princesses de la cour dans les jours de grande fête; elles étaient quelquefois décolletées, et même, à en croire certains chroniqueurs[1], d'une façon assez provocante pour qu'il en résultât des accidents désagréables au Christ et

1. Voir William Hone, *passim*, p. 192.

aux deux larrons qui, du haut de la croix, contemplaient leurs charmes [1]. Qu'on n'oublie pourtant pas que ces rôles n'étaient qu'exceptionnellement tenus par des femmes et que c'étaient en général des jeunes gens imberbes qui les remplissaient.

Dans les premiers Mystères, l'Église prêtait ses ornements comme pour les premiers drames liturgiques joués dans le chœur ou dans la nef. Dieu le Père [2] est presque toujours en empereur ou en pape ; il tient la boule du monde d'une main et le sceptre de l'autre ; il a sur la tête une tiare papale [3] et porte le grand manteau impérial qui est probablement une chape d'église [4]. Les anges sont en surplis tels que sont encore nos enfants de chœur ; mais on leur attache des ailes [5] : « pour avoir fourny de helles et chiefs pour les Anges dudit mistère x s. t. ».

Il n'était pas d'usage, comme de nos jours, d'indiquer en tête du manuscrit d'un Mystère, le costume détaillé de chacun des

1. Voir Mercier de Compiègne, *L'Éloge du sein des femmes.*

Dans le *Mystère de Sainte-Barbe*, la sainte apparaît nue aux yeux du public ; il se présente là pour nous un problème délicat, car nous voyons que la sainte était figurée par un homme à Metz en 1468. Comment donc un homme nu pouvait-il représenter une femme nue ? Lui mettait-on un maillot ? C'est assez vraisemblable, car certains Mystères joués en hiver ne permettent pas de supposer que les acteurs eussent pu se tenir en plein air dans un costume si léger Certains bibliographes expliquent le fait en disant que la sainte n'apparaissait que nue jusqu'à la ceinture ; mais cette explication n'est pas suffisante et n'atténue que faiblement l'invraisemblance.

2. Voir Didron, *Histoire de Dieu*, p. 205 à 207, Paris, 1843, in-4°, Imprimerie royale.

Mémoires de l'Académie de Dijon, 3e série, t. X, année 1887, p. 310, article de M. Ernest Serrigny : « On mettait à Dieu une barbe longue et blanche, et une paire de gants de prélat aux mains. »

Voir aussi *Mémoires de la Commission des antiquités de la Côte-d'Or*, t. XI, années 1885 à 1888 : « Au Mystère joué en 1521 à l'entrée de François Ier à Dijon, on acheta, pour 6 deniers, le safran et la laine pour faire une barbe à Dieu. »

3. *Mémoire de la Commission des antiquités de la Côte-d'Or*, t. II (1885 à 1888), p. 243.

4. *Mystère de l'Incarnation* publié par la Société des bibliophiles normands 2 vol. in-4°, avec notice de M. Leverdier : notice, p. LII. Les Confrères de Saint-Romain établis à la cathédrale reçoivent en prêt du chapitre tous les ornements et vêtements sacerdotaux dont ils ont besoin : crosse, mitre, chape, etc...

5. Voir Grandmaison, *Documents inédits pour servir à l'histoire des arts en Touraine*, Paris, p. 47.

figurants ; cependant un fragment de Mystère conservé à la Bibliothèque de Clermont-Ferrand possède une indication de costume que, pour la rareté du fait, nous reproduisons :

« S'ensuyent les noms des personnages et la quantité : 1° *Deus Pater cum barba grisa et cappa et habet tres coronas supra caput et habet in manu mundum* (et dans le manuscrit est dessinée à côté la boule du monde surmontée d'une croix — on faisait généralement ces boules au moyen de deux sébiles demi-circulaires réunies par les bords)[1].

« *Item sanctus Johannes cum magna barba et cum raupa* (robe[2]) *facta ex pillis chamelli*[3]. »

Quant au luxe déployé dans certains Mystères, il dépassait ce que nous pouvons communément nous figurer. On cite généralement le costume de Néron dans les *Actes des Apôtres* joués à Bourges en 1536 : tout était de velours brodé d'or, sa couronne était en or couverte de pierreries, etc. Les dépenses que s'imposaient les villes pour les costumes de leurs acteurs furent presque toujours considérables, et certains personnages tenaient, par vanité, à y paraître des plus brillants.

Alors, au moment où les Mystères ont si grande vogue, la cour de Bourgogne rivalise de somptuosité avec la cour de France. Isabeau de Bavière a mis à la mode les étoffes les plus luxueuses qu'elle surcharge de parures et d'ornements. Durant tout le siècle, on cherchera à renchérir sur cette débauche de richesse. Les habits des grands seigneurs, à toutes les fêtes, qui se multiplieront, seront couverts de bijoux, de perles et de pierres précieuses. Ce sera la grande folie du temps, et les bourgeois qui jouent dans les Mystères, chercheront durant la représentation à faire une ostentation semblable.

Ce besoin de paraître se retrouve dans tous les spectacles et, pour ne citer qu'une anecdote, nous rapportons celle-ci qui nous a paru assez drôle :

1. Louandre, *Histoire d'Abbeville*, *passim*, t. I, p. 316.
2. *Raub* en allemand.
3. Nous remercions bien vivement M. Vimont, bibliothécaire de la ville, qui nous a communiqué ce texte si curieux.

A Rouen, un bourgeois nommé Lechevallier, veut surpasser ses camarades ; il remplit le rôle de Pilate et demande à un peintre de lui faire un trône splendide pour siéger devant le public ; celui-ci répond amplement aux vœux de son client. Durant la représentation, Lechevalier put se croire un véritable souverain, tant ses vêtements et sa chaire étaient splendides. Mais après il fallut en rabattre, car le peintre réclama 30 livres pour son œuvre, et 30 livres étaient 1,000 francs de notre monnaie : d'abord contrarié, Pilate devint ensuite furieux et refusa de payer ; le Parlement dut rendre, le 14 mai 1503, un arrêt le condamnant à acquitter ladite somme au peintre [1].

On trouve aussi dans le dialogue la preuve du luxe général de ces fêtes.

Dans la *Passion* par exemple, la Madeleine se plaît à énumérer tous les avantages de sa beauté, à vanter son luxe, la richesse de son vêtement, de sa parure, de son train de vie [2]. Elle demande du baume égyptien, et quand on lui en présente, elle en veut davantage « bien que ce soit très cher ». Elle se fait donner des boîtes de précieux parfums, elle désire des tapis, des pierreries et des fleurs, en un mot toutes les satisfactions de la richesse. Elle se livre devant son miroir à des « amignonnements » sans fin ; elle demande des « oignements » pour tenir sa peau belle et fraîche. Qu'on ne l'oublie pas, ce sont des jeunes gens costumés en femmes qui figurent ainsi Marie-Madeleine ou autres mondaines de la scène [3].

Pour faire contraste avec le luxe de la Madeleine ou d'autres

1. Gosselin, *Histoire du théâtre à Rouen avant Pierre Corneille*, Rouen, Cagniard, 1868, in-8°, p. 4.

2. Voir l'abbé Anis, *Les Mystères représentés à Laval de* 1493 *à* 1538 (Laval, 1887, in-8°), p. 8 : « même avec un rôle secondaire, on était heureux de paraître avec éclat. Beaucoup se faisaient fête de porter, au moins une fois, un habit de soie ou d'empereur. A Laval, dit le doyen, on vit dans le *Mystère de Sainte-Barbe*, cent joueurs habillés de soie et de velours à pleine voie.

3. Olivier de la Marche, dans son livre du *Parement des Dames*, nous faisant la description de l'accoutrement dont il voudrait voir orner la dame de ses pensées, décrit l'habillement que portaient dans les grands Mystères du xve siècle les femmes qui y assistaient, ou même les jeunes gens « vaniteux de leur beauté » qui, jouant des rôles de femmes, en portaient les vêtements.

femmes, nous terminerons l'étude du costume par celui des diables. Le diable était l'acteur populaire par excellence. « On saluait avec joie l'être familier qui avait une place si importante dans les histoires du coin du feu, que tout le monde croyait pouvoir rencontrer un soir, sur sa route, ennemi populaire du genre humain, à qui est échu, dans la légende, le rôle du loup dans la fable, être méchant et risible auquel on tâchera de jouer le plus de bons tours qu'on pourra. Dès qu'il paraissait dans son grotesque accoutrement, tous les yeux se reportaient sur lui : ses contorsions et ses hurlements auraient suffi à faire trouver la pièce intéressante : on était trop heureux de pouvoir rire un jour de qui nous faisait peur[1]. Les diables qui avaient un rôle si important étaient moins luxueux; mais leur accoutrement faisait les frais de l'imagination du costumier. Rabelais décrit ainsi leur costume dans la *Passion* que Villon fit jouer à Saint-Maixent : « Ils étoient tous capparassonez de peaulx de loupz, de veaulx et de béliers, passementées de testes de moutons, de cornes de bœuf et de grands havelz de cuisine ceincts de grosses courroyes, esquelles pendaient grosses cymbales de vaches et sonnettes de muletz, à bruict horrifique. Tenoyent en main aulcuns bastons noirs pleins de fusées; aultres pourtoyent longs tizons allumez, sur lesquelz à chascun carrefour jectoient plaines poingnées de parasine (poix résine) en pouldre, dont sortoyt feu et fumée[2]. » Il nous paraît cependant que les diables avaient pris un costume qui, tout en variant quelquefois, s'était généralisé; ils portaient un maillot noir souvent à longs poils et une coiffure à oreilles de chien tombantes que rehaussaient des cornes de bouc[3]. Pour se rendre plus horribles, ils se barbouillaient d'ordinaire les mains et la figure de cirage ou d'autres enduits noirâtres et les entrepreneurs de Mystères ou les municipalités devaient payer aux établissements de bains les frais nécessités par leur nettoyage[4].

1. Jusserand, *Le Théâtre en Angleterre,* Leroux, 1881, p. 50.
2. *Pantagruel*, livre IV, chap. XIII.
3. Voir le *Mystère des Actes des Apôtres*, avec miniature de Jehan Michel, imprimé en 1490 par Anthoine Vérard, *Galerie Mazarine*, nº 260.
4. Charles Louandre, *Histoire d'Abbeville*, 2 v., p. 320.

Les fous et les sots ont à peu près le même costume : des maillots gris, noirs, verts avec un bonnet à oreilles de chiens et à crête, tels que ceux des fous de nos rois et comme on représente généralement Triboulet dans les tableaux d'histoire.

Dans le *Mystère du Vieil Testament*, Satan qui vient tenter Ève « doit être en manière de serpent avec le visage d'une pucelle ». Évidemment on se servait de masques, puisque les hommes jouaient les rôles de femmes.

Lorsqu'on veut exécuter des « feintes » c'est-à-dire des animaux, des géants ou toute autre figuration fabriquée, pour les rendre plus « au vif », on charge un sculpteur d'en faire le modèle au moyen d'une statue en pierre ; on la copie ensuite en carton, en papier ou en baudruche, et l'on colore après. C'est aux peintres ou quelquefois aux tailleurs qu'était confiée l'exécution de ce travail ; ils collaient les poils, les cheveux, la barbe et tous les appendices nécessaires[1].

Les décors étaient conçus suivant le même principe que les costumes ; si l'on représentait la prise de Troie, on simulait un combat du XVe siècle ; les murailles étaient crénelées, avec des tourelles et on y faisait brèche à coups de canon. Dans le *Mystère du siège d'Orléans*, plusieurs combats, assauts et prises de villes avaient lieu en public.

La mise en scène fut aussi réaliste que les dialogues, dans le

1. *Mémoires de la Commission des antiquités de la Côte-d'Or*, t. II, p. 245, article de M. Gouvenain, archiviste du département : « au tailleur d'ymages Antoine, 16 gros pour avoir fait de pierre le patron et mole de la teste du lion »..... ; p. 243 : « deux grants statues d'un géant appelé Golias avec trois testes servant esdistes statures. »

De Girardot, *Les Artistes de Bourges*, Paris, 1861, in-8°, p. 40 : « A Paule l'ymagier pour le patron en pierre du don fait au roi, 2 escus. »

Nous trouvons aussi dans les Archives de la ville de Troyes (Registre cote B. 117) les renseignements suivants à propos de l'entrée de la reine Éléonore, le 31 janvier 1534, dans la capitale.

« A Yvon Bachot, tailleur d'images, qui a taillé « le dauphin en boys ».

« A Jehan Evrard, tonnelier, pour dix-huit grands cercles et trente petis avec l'ozière pour faire ung oiseau à troys testes et troys piedz.

« A Nicolas Haslin, dict le Flament, tailleur d'ymaiges, lequel a taillé la salemande et faire la queue d'icelle que à tailler un bras armey estant en une nuée pour soubztenir le pavillon de l'eschaffault de la Royne. »

Mystère des Actes des Apôtres. Judas en chemise, accompagné de deux diables, y monte sur un escabeau et se passe autour du cou une corde que l'un des diables lui tend, puis il l'attache à la branche d'un arbre avec l'aide des deux diables, et poussant l'escabeau, reste pendu. Alors ouvrant sa chemise, il laisse voir les entrailles d'un animal qu'il avait eu soin préalablement d'attacher sur son ventre, et le scénario porte ces mots : « Icy crève Judas par le ventre et les tripes saillent dehors. »

Ce rôle de Judas devenait quelquefois dangereux et l'on cite plusieurs prêtres qui, en le jouant, furent privés de respiration et ne purent revenir à la vie qu'après d'énergiques frictions[1].

Le rôle de Jésus-Christ n'était pas moins dangereux : outre sa position sur la croix qu'il devait garder durant le débit d'un millier de vers, il était aussi maintenu en l'air lors de la Transfiguration, et cela pendant qu'on récitait cent vingt-huit vers. On comprend que peu de personnes se dévouaient à pareil supplice. Dans la scène de la flagellation, les bourreaux détaillent les parties du corps de Jésus-Christ, et l'un d'eux dit : « Il a le dos à l'avantaige pour recevoir gros horions. » Alors pleuvent les coups et l'on simule force plaies et force sang répandu. La décollation d'un martyr a toujours lieu sur la scène ; la tête est « feinte » et tombe à terre sous le coup de hache du bourreau.

Au moment où le martyr meurt, on voit l'âme du défunt s'envoler ; c'est un oiseau qui, tenu attaché, est mis en liberté et s'envole, ou bien c'est une marionnette maintenue en haut par une ficelle que l'on tire du Paradis[2].

Les marionnettes jouent dans certains spectacles un rôle prédominant. Dans les *Mitouries* de Dieppe, par exemple, célébrées

1. Morice, *passim*, p. 125,

2. Dans les *Mystères de Noël* et de l'*Annonciation* joués à Dieppe au XVe siècle figurait une statuette de Vierge qui agitait la tête et les bras et dont les yeux se levaient vers le ciel. Charles Magnin, *Les Marionnettes au théâtre*, Paris, 1852, p. 118 ; Desmarquets, *Mémoires chronologiques pour servir à l'histoire de Dieppe*, t. Ier, p. 68 et suivantes ; Édouard Fleury, *Origines et développements de l'art théâtral dans la province ecclésiastique de Reims*, Laon, 1881, in-8°, p. 61 ; L. Vitet, *Histoire de Dieppe*, éd. Gosselin, p. 35 à 47.

tous les ans en l'église Saint-Jacques de cette ville, le 15 août, en mémoire de la levée du siège, Dieu le Père siégeait comme dans tous les Mystères, au haut d'une tribune dont les portants montaient jusqu'à la voûte de l'église et étaient tendus d'étoffe bleue, parsemée d'étoiles d'or. Autour de lui, des anges marionnettes faisaient des prodiges d'agilité, voltigeant et agitant leurs ailes; la Vierge, autre marionnette, était étendue sur un lit mortuaire, et au commencement de la cérémonie, des anges venaient la prendre et la transportaient à côté de Dieu le Père, dans le Paradis. Mais cette assomption était longue et pendant qu'elle s'exécutait, la Vierge levait continuellement les bras au ciel, comme pour représenter le désir qu'elle avait d'y arriver plus tôt.

Ce ne fut qu'au XVIIe siècle que les marionnettes servirent dans beaucoup d'endroits à représenter les scènes religieuses que les évêques défendaient de jouer sur des échafauds.

Les Mystères, entre autres celui du *Vieil Testament*, embrasssent quelquefois plusieurs siècles; les personnages y figurent à différents âges; d'abord comme jeunes enfants, et quelques instants après comme hommes mûrs ou vieillards. Alors le rôle est joué par plusieurs acteurs; ainsi David enfant est figuré par un enfant, et quand il est roi, par un homme. La Vierge paraît aussi en petite fille et ensuite à l'âge où elle est mère du Christ. Le libretto indique le changement du rôle: « Icy finist le petit David et commence le grant David » ou bien « Icy commence la grant Nostre-Dame ». Du reste la convention n'est-elle pas encore la base du théâtre, même le plus moderne!

On faisait précéder la représentation du Mystère de ce que l'on appelait une *monstre* ou grande promenade à travers la ville, et dans laquelle chacun montrait, en paradant, le costume qu'il devait porter dans la représentation. Jacques Thiboust[1] a laissé

1. Jacques Thiboust, *Relation de l'ordre de la triomphale et magnifique monstre du Mystère des Actes des Apôtres*, imprimée chez Manceron à Bourges, 1836, in-8°, et Boyer, *Un Ménage littéraire à Bourges au* XVIe *siècle* (Jacques Thiboust et sa femme Jeanne de la Fons), Bourges, 1859, in-8°.

une description de la fameuse monstre du *Mystère des Actes des Apôtres* qui eut lieu à Bourges en 1536. Puis l'on commençait la représentation par la lecture d'un prologue. A en croire la miniature des *Actes des Apôtres*[1], ç'aurait été un prêtre en surplis qui serait venu lire le prologue sur un vaste lutrin, comme il aurait lu l'Évangile, et aussitôt après, la représentation avait lieu. Pendant les intermèdes, les diables ou les fous viennent amuser les spectateurs : leurs jeux répondent assez à nos clowneries modernes. Ces bouffons devaient être des comédiens de profession ; car l'exécution de leurs tours et de leurs farces demandaient une agilité et une adresse peu communes, que des gens adonnés à ce genre d'exercices peuvent seuls avoir.

VII

Les femmes sur le théâtre.

Au XIVe siècle et au commencement du XVe les femmes ne figuraient jamais sur la scène ; leurs rôles, tels que ceux de la Vierge, de Marie-Madeleine, de Marthe et de sa sœur, etc. étaient joués par des hommes. Au *Mystère de Sainte-Barbe* représenté à Metz en 1485, un jeune barbier nommé Lyonard, ressemblant à une belle « joune fille, fist le personnaige de sainte Barbe si preudemment et si dévotement que plusieurs personnes pleuroient de compassion, car il tenoit si bonne faconde et manière à chascun agréable et n'estoit possible de mieulx faire »[2].

A Angers, à la *Passion de Saint-Maurice* en 1486, Laurent, chapelain de l'église Saint-Maurice, joua le rôle de la Vierge et Nicolas Piétaut celui de la Madeleine[3].

S'il faut en croire les historiens allemands, le même usage exis-

1. N° 620, de la *Galerie Mazarine*, *passim*, p. 3.
2. Cité par Petit de Julleville, t. II, p. 48 d'après Jacomin Husson, éd. Michelant, p. 139.
3. Petit de Julleville, t. II, p. 51.

tait en Allemagne, où les rôles de femmes étaient joués par de jeunes hommes ou des petits garçons couverts de masques[1].

Il importe de signaler que les prêtres et les laïques jouaient indifféremment les rôles de femmes. Ce fut seulement en 1468, à Metz, dans le *Mystère de Sainte-Catherine*, que les femmes parurent pour la première fois sur la scène. Les *Chroniques de Metz*[2] nous racontent que « le personnaige de sainte Catherine étoit porté par une joune fillette aigée de environ dix huict ans laquelle estoit fille à Dédict le vairier et fist merveilleusement bien son debvoir au gré et plaisir d'ung chascun ».

Il a été généralement admis que les femmes n'avaient paru qu'exceptionnellement sur la scène des Mystères parlés, et, toutefois, jamais avant la deuxième moitié du xve siècle, tandis qu'on les avait vues figurer dans toutes les représentations mimées.

Nous croyons cette opinion trop absolue; les femmes devaient jouer, dans les Mystères de l'un et l'autre genre, les rôles que leur constitution, plus faible que celle des hommes, pouvait supporter[3], tandis que le rôle de la Mère de Dieu, dans le *Mystère de la Passion*, ne pouvait être joué que par un homme, en raison de la fatigue considérable qu'il occasionnait. Telle est une des raisons de l'apparition plus fréquente des femmes dans les théâtres à tableaux vivants que dans les Mystères à interminables récitations[4].

1. Karl Hase, *Das geistliche Schauspiel*, Leipzig, 1858, p. 39.

2. Huguenin, *Chroniques de Metz*; Jacomin Husson, édit. Michelant, p. 103: *Journal d'Aubriou*, édit. Larchey, p. 29, et Petit de Julleville, *passim*, t. II, p. 32.

3. M. Boyer, archiviste du département du Cher, auquel nous sommes redevable d'un grand nombre de renseignements, nous a communiqué l'acte d'engagement d'une actrice à Bourges en 1545, engagement qu'il a, du reste, publié dans les *Mémoires de la Société historique du Cher* de 1888 et dont nous aurons l'occasion de parler plus loin. Cette pièce vient encore confirmer notre raisonnement.

4. Nous devons à M. l'abbé Battifol, membre de la Société des Antiquaires de France, la note suivante relative à l'interdiction faite aux femmes d'élever la voix en public :

« Cette interdiction est mentionnée pour la première fois par saint Paul (I *Cor.*, xii, 34) : « mulieres in ecclesiis taceant; non enim eis permittitur loqui »; (*Epist. ad Timotheum*, ii, 11) : « Mulier cum silentio discat in omni subjectione. »

« A l'origine, cela signifiait seulement que les femmes ne devaient point

Nous verrons qu'au XVIe et au XVIIe siècle une autre raison éloignait les femmes de la scène : l'inconvenance des pièces. Quelque crues qu'aient été certaines parties des Mystères du moyen âge, leur impudicité ne choquait pas outre mesure, puisque l'auditoire se composait indifféremment d'hommes et de femmes. Au contraire, au commencement du XVIIe siècle, les femmes n'assistaient pas plus aux pièces de l'hôtel de Bourgogne qu'elles ne paraissaient sur la scène.

Avec le XVIe siècle, l'apparition des femmes sur la scène se multiplie. Ainsi à Grenoble, en 1535, Françoise Buatier « joua le rôle de la Mère du Christ, par les gestes, la voix, la prononciation, le débit sut charmer tous les spectateurs au point d'exciter une admiration générale ; la grâce et la beauté s'ajoutaient chez elle

prendre la parole pour enseigner; plus tard, on donna à cette interdiction un sens plus large. Les femmes ne devaient même pas prier à haute voix, leur voix étant capable de troubler par sa langueur la vertu de l'assemblée des fidèles. Dans un vieux recueil de canons ecclésiastiques égyptiens, attribués à saint Athanase, et qui sont sûrement du IVe siècle, nous trouvons que le prêtre doit enseigner aux femmes « à ne point parler à l'église, à ne pas même « fredonner, non plus qu'à psalmodier à l'unisson des moines ou à répondre « aux prières antiphonées ou à deux chants, mais qu'elles doivent se taire tou- « jours » (cf. Migne, *Patr. Gr.*, t. XXVIII, col. 1644).

« La même interdiction semble avoir persisté très avant dans le moyen âge : on peut citer comme preuve un tableau sur bois, attribué par M. Kraus au XIVe siècle; ce tableau, qui se trouve actuellement au palais de Saint-Louis-des-Français à Rome, présente la disposition suivante : il est divisé en compartiments. Plusieurs de ces compartiments sont attribués aux damnés qui occupent des places en rapport avec la gravité de leurs crimes. Or, au plus bas degré, et au plus profond de l'enfer, on aperçoit un groupe de femmes et on lit au-dessus cette légende : *Mulieres quae in ecclesia loquuntur.*

« L'Église d'ailleurs n'a jamais aimé que les femmes montrent leur visage à découvert, ni, à plus forte raison, qu'elles se donnent en spectacle. « Si quis ante « ecclesias saltationes fecerit, emendationem pollicitus, poenitentiam agat tribus « annis. » Cette règle qui ici ne s'applique qu'aux hommes devait être plus sévère encore pour les femmes. On peut voir à ce sujet (Migne, *Patr. Gr.*, t. XXII, col. 1350), comment saint Basile traite les femmes qui « le jour de « Pacques, dans les basiliques des martyrs ou sur les places publiques agitant « leurs cheveux, faisant traîner leurs tuniques, dansaient et provoquaient ainsi « la passion des jeunes gens et faisaient des lieux saints une officine d'obscé- « nité! Elles souillent l'air de leurs chants (*cantilenis meretriciis*) et la terre « de leurs danses. »

Nous remercions bien vivement M. l'abbé Battifol de cette intéressante communication.

au bien dire »[1]. Enfin à Valenciennes[2] de jeunes filles jouèrent dans le *Mystère de la Passion* : ce furent Jennette Caraheu figurant la Vierge et Jennotte Watiez, Jennette Tartelette, Checille Gérard, Cole Labequin jouant d'autres personnages moins importants; probablement le rôle de la Mère du Christ avait été diminué à cette occasion et la représentation du Mystère durait moins de temps qu'au xve siècle.

La Réforme, en se développant, chercha à diminuer la vogue des Mystères et surtout à empêcher les femmes d'y figurer. Une anecdote curieuse, qui eut Genève pour théâtre, prouve que les Mystères étaient entrés dans les habitudes de la population, y étaient fort goûtés et que, depuis longtemps, les femmes y jouaient des rôles.

Le Conseil de la ville avait, au mois de juin 1546, accordé la permission de représenter une moralité intitulée : *Les Actes des Apôtres*. Les préparatifs se faisaient, lorsqu'un ministre protestant déclara en chaire, que les femmes qui figuraient sur les théâtres étaient des effrontées, sans honneur, n'ayant d'autre dessein que de se montrer parées pour exciter « des désirs impurs ».

Un autre pasteur, Abel Poupin, fit entendre que la grande dépense qu'occasionnerait la représentation accordée et préparée, serait mieux employée à assister de pauvres frères persécutés pour cause de religion; il ajouta aussi, mais avec plus de modération que son confrère, qu'il blâmait la présence des femmes sur les échafauds. Surexcités par ces deux sermons, comédiens et amateurs de théâtre commencèrent à proférer des menaces contre Poupin, et ils l'auraient maltraité si Calvin ne fût intervenu. Le grand réformateur fut obligé de monter en chaire à son tour et de calmer l'irritation populaire par la modération de sa parole. Le Conseil ne se déjugea pas, mais crut prudent de retenir, dans la maison de ville pendant le jour suivant, Calvin et le pasteur Abel Poupin, pour leur éviter de mauvais traitements. La comédie

1. Du Rivail, *De Allobrogibus* libri IX, p. 48 et Petit de Julleville, *passim*, t. II, p. 127.
2. Bibl. nat., mss., f. fr., n° 12536; Morice, *passim*, p. 132.

fut représentée et l'un des plus éminents et austères pasteurs de l'Église franco-suisse, Viret, ne se fit aucun scrupule d'assister à la représentation et de se laisser ainsi tenter, par la présence de femmes parées sur le théâtre, « à des désirs impurs » [1]. Quant aux seigneurs du Conseil de la ville, ils avaient des loges dressées exprès pour eux [2], à l'endroit reconnu le meilleur pour voir et entendre.

Nous verrons plus loin que les femmes ne jouèrent que bien plus tard sur les théâtres de tragédie et de comédie.

VIII

La peinture décorative, les peintres décorateurs.

Si nous devions nous en rapporter aux textes, nous pourrions conclure que les Mystères représentés lors des entrées des rois et des reines étaient plus soignés que ceux que l'on jouait à l'occasion d'une fête quelconque [3]; car ce n'est guère que dans la description des entrées solennelles de souverains que nous trouvons des détails sur les décors, les agencements, les costumes et sur les artistes qui les ont exécutés. Mais avant de décider de cette question, il faut tenir compte d'un fait capital : si les archives des villes ou des comptes royaux existent encore par bribes, il n'en est pas de même de celle des corporations, paroisses ou confréries qui n'existent plus du tout. Telle est la raison de l'absence de documents concernant les grands Mystères, qui duraient plusieurs semaines ; en raison de leur importance, ils devaient être plus soignés et préparés de plus longue main que ceux dont la représentation n'occupait qu'une journée.

1. *Lettres de Calvin* (*correspondance latine*), Genève, 1626. Grand in-4° p. 72, Lettre à Farel du 4 juin 1546.
Grenus, *Fragmens biographiques et historiques extraits des registres du Conseil d'État de la république de Genève de* 1535 *à* 1792, Genève, 1815, in-8, p. 13.
2. Grenus, *passim*, p. 13.
3. Voir le *Mystère de Saint-Bernard de Menthon* publié dans la *Collection des anciens textes* par M. Lecoy de la Marche (surtout l'introduction), Paris, 1888, chez Firmin-Didot.

Tous les artistes du xve siècle et du commencement du xvie travaillent à l'exécution de décors de Mystères : Jehan Foucquet, le chef de l'École française, Jehan Poyet le miniaturiste du livre d'Heures d'Anne de Bretagne, Jehan Perréal dit Jehan de Paris, l'auteur de la cathédrale de Brou, Jehan Bourdichon et Pierre de Paix ses collaborateurs, Coppin Delf, le peintre attitré du roi René, l'auteur des fresques de l'église Saint-Martin de Tours; Michel Colombe, le sculpteur du tombeau du duc François II à Nantes, sont occupés à la mise en scène des Mystères, ainsi que nombre d'autres peintres dont les noms sont moins populaires et les œuvres moins connues[1].

C'est en 1379 que l'on trouve pour la première fois le nom d'un peintre employé à des décorations de Mystères. Les archives d'Angers nous annoncent que, lorsque le duc d'Anjou entra dans cette ville, les échevins s'attachèrent Jean le Paintre[2], artiste de Château-Gontier, « pour faire les ystoires de l'entrée ». Il fut surtout employé à l'exécution de « grandes bestes » représentées au naturel avec des peaux empaillées et au milieu d'elles « une syrène ».

A Orléans, nous trouvons successivement la décoration du Mystère de la délivrance de cette ville confiée à Guillaume le Charron et à Michelet Filleul[3].

En 1461, Louis XI doit se rendre à Tours; la ville charge Jehan Foucquet[4] d'établir les devis des échafauds pour les Mystères et farces à l'occasion de l'entrée du roi. Le peintre se met à l'œuvre, mais lorsque les échevins font demander au roi « s'il

1. Voir de Laborde, *La Renaissance des Arts à la cour de France*; Giraudet, *Les Artistes tourangeaux*, Tours, 1885; Grandmaison, *Documents inédits pour servir à l'histoire des arts en Touraine*, Paris, 1870; C. Chevalier, *Les Archives communales d'Amboise*, Tours, 1874; de Girardot, *Les Artistes de Bourges*, Paris, 1861; Célestin Port, *Les Artistes peintres angevins*, Paris, 1872.

2. Célestin Port, *Les Artistes angevins*, Paris, 1881; Archives de la Mairie d'Angers, C.C. 3, f° 25, 1379.

3. *Le Mystère d'Orléans* publié par MM. F. Guessard et de Certain dans la *Collection des documents pour servir à l'histoire de France*, Paris, 1862, p. VIII. Quittance de 72 sols p., extraite des comptes de la ville d'Orléans.

4. Grandmaison, p. 11; Giraudet, p. 169, 170 et 171; de Laborde, *La Renaissance des Arts, passim*.

auroit pour agréables icelles feinctes et mistaires faiz en chaffaulx » il leur est répondu « non, le roi n'y prend nul plaisir »[1]. Les travaux commencés sont donc suspendus; mais la ville paye à Foucquet les frais de ce qui a déjà été exécuté.

Louis XI vint à plusieurs reprises à Lyon. En 1463 on voulut le recevoir dignement et l'on prépara la représentation de *Modus et Ratio* pour le distraire. Jehan de Juys, Janin l'enlumineur et Estienne du Pin[2], peintre et verrier, en dessinèrent les costumes et les décors; mais l'entrée n'eut pas lieu, ces distractions n'amusant le roi pas plus à Lyon qu'à Tours.

La première entrée solennelle de Charles VIII dans cette même ville de Lyon en 1489 fut mieux réussie. Le roi venait de rétablir deux foires supprimées par son prédécesseur; aussi l'échevinage lyonnais voulait-il lui faire une réception magnifique. Jehan Perréal dit Jean de Paris[3] fut chargé d'établir le projet et l'exécution des « Mystères, Moralités, Ystoires et aultres Joyeusetés » destinés à amuser le jeune roi; aidé du peintre Jehan Prevost[4] et de l'architecte Clément Trie[5], il fit dresser des échafauds dans différents carrefours, régla la marche, dessina les costumes des personnages et des diables ou fous qui devaient exécuter des intermèdes sur le parcours du cortège, et surtout peignit les maquettes des

1. Grandmaison, p. 11.

2. Voir pour les trois peintres Jehan de Juys, Janin l'enlumineur, et Estienne du Pin, les *Nouvelles Archives de l'Art français*, année 1879, 2e série, t. Ier, p. 201 à 203 et Archives de Lyon, cote B. B. 7, fol. 344, 346 et 347. Janin l'enlumineur s'appelait de son vrai nom Jehan Hortart d'Écosse (Natalis Rondot, *Les Peintres de Lyon*, p. 49).

3. E.-M. Bancel, *Jehan Perréal et Jehan de Paris*, Paris, 1885, p. 19; Grandmaison, p. 187.

4. E.-M. Bancel, *passim*, p. 19; de Laborde, *La Renaissance des Arts*, 1er vol., p. 177 et 173; *Nouvelles Archives de l'Art français*, 2e série, t. Ier, p. 201 à 203, et t. III, p. 53 à 59; Archives du Rhône, Actes capitulaires, vol. XXII, fol. 106 et 107; Natalis Rondot, *Les Peintres de Lyon*, p. 14, 15 et 16.

5. E.-M. Bancel, *passim*, 19 et Grandmaison, p. 273; *Mémoires de l'Académie de Dijon*, 3e série, t. X, année 1887, p. 310, article de M. Ernest Serrigny et Natalis Rondot, *Les Peintres de Lyon*, p. 14, 15 et 51; Georges Guigue, *Entrée de Louis XII à Lyon*, Lyon, 1885; Archives de Lyon, B. B. 25, 147 et 149.

Nous tenons à remercier M. Guigue.

décorations des échafauds sur lesquels devaient être joués les Mystères. Lorsque Charles VIII revint à Lyon en 1494, nous retrouvons encore Jehan de Paris exécutant des décorations avec Jehan Prévost, Jehan Bourdichon[1] et Pierre de Paix[2].

En 1488, la ville d'Angers, ayant à recevoir le roi, chargea le scientifique docteur Jean Michel et avec lui Coppin le peintre, l'auteur du *Traité de Perspective*, de régler la décoration de la ville[3]. En 1491, Anne de Bretagne entrant à Tours, est reçue par son peintre favori Jehan Poyet[4] qui fait les décors du Mystère joué devant elle[5]. A sa seconde entrée en cette ville ce sera Michel Colombe[6] et Henri Mathieu[7] qui remplaceront Poyet. Pour amuser la reine, ils exécuteront des serpents peints et plusieurs animaux, particulièrement un « lyon qui a la barbe et l'estoffe comme un lyon au vif », une tête de Goliath avec des cheveux peints avec une « feinette » qui rend le sang.

Abrégeons ces citations et terminons par la dernière entrée à théâtres, celle de Charles IX à Sens, en 1563. Jean Cousin[8], le

1. De Laborde, *La Renaissance des Arts*, t. Ier, p. 152; Natalis Rondot, *Les Peintres de Lyon*, p. 14, 15, 27, et Siret, *Dictionnaire des Peintres*, p. 128; *Archives de l'Art français*, t. IV, p. 1.

2. Pierre de Paix ou Dobenas.

3. Lecoq de la Marche, *Extrait des comptes du roi René, passim*, p. 60, 170 et 171; Célestin Port, *Les Artistes angevins* (1881), p. 75 et 76; *Inventaire analytique des archives d'Angers*, Documents, p. 345; *Archives de l'Art français*, Documents, t. VI, p. 65-76; Jehan Pelegrin, *Traité de Perspective*, Toul, 1501.

4. Jehan Poyet était le principal élève de Jehan Foucquet. Voir Grandmaison, p. 39; Giraudet, p. 338; Comptes de la ville de Lyon de l'année 1500, liasse n° 157, cités par Jehan Pelegrin dans son *Traité sur la Perspective*, Toul, 1501.

5. Non seulement, nous disent les comptes, il en avait fait les maquettes, mais encore, il avait brossé lui-même certaines parties du décor.

6. Antony Rouillet, *Michel Colombe et son œuvre*, Tours, 1884, in-8°, p. 51. Une médaille fut frappée à cette occasion sur les dessins de Michel Colombe; on peut la voir au Cabinet des médailles de la Bibliothèque nationale et elle a été reproduite dans le *Trésor numismatique* de Charles Lenormant, 1re partie, pl. IV, n° 2.

7. Henri Mathieu ne nous est connu que par ce travail précité. Voir Grandmaison, *passim*, p. 44; Giraudet, p. 287. *Archives de la ville de Tours*, pièces de l'année 1500. Nous ne l'avons pas trouvé ailleurs.

8. *Entrée du roy Charles IX et de la reine Catherine de Médicis à Sens le*

Michel-Ange français, consacre son talent aux décorations que la ville fit exécuter pour la réception du roi.

Les textes sont si nombreux sur les décorations d'entrées que les archives seules de la ville de Lyon nous donnent, pour le XVe siècle et le commencement du XVIe, 650 noms de peintres décorateurs.

Pour trouver des détails de décoration d'un vrai Mystère liturgique, il nous faut aller au midi de la France, à Romans. En 1509, on y joue le *Mystère des trois Doms*. Pour l'événement, on fait venir d'Annonay le peintre François Thévenot, connu sous le nom de maître Francès [1]. Cet artiste exécute toutes les *feinctes* et les décors auxquels il travaille durant quatre mois. Thévenot, n'étant pas machiniste, confie le soin d'exécuter les *trucs* ou les *feinctes en fer* des Mystères à Jean Rosier, horloger de son état à Annonay [2] ;

15 *mars* 1553, Auxerre, 1882, p. 17 à 30. Archives municipales de la ville de Sens, année 1562-1563.

[P. 17] « Du vendredi 12 novembre 1562. Maistre Jehan Cousin peintre a esté présentement advisé qu'il sera mené par ceste ville pour voir les lieux et endroits qu'il sera besoin de faire quelque chose de son estat pour la dicte entrée afin d'en faire projet et devis et les rapporter demain.

[P. 20] « 13 novembre. Après que maistre Jehan Cousin peintre eust rapporté les projets et devis par lui faicts et qu'il eust été ouï sur le prix qu'il en demandoit qui estoit de mille livres, a esté advisé, vu la pauvreté de la ville, affligée de peste et de guerre depuis 2 ans, qu'il lui sera baillé six vingt livres tournois pour employer en écussons, arcs de triomphe , etc., le tout à sa discrétion et conscience, et sera logé aux Tournelles pour besoigner et luy sera baillé du lierre, 14 novembre 1562. » Ordre de remettre du lierre à Jehan Cousin et paiement de 50 livres tournois au même.

[P. 21 « 17 novembre 1562. Seront baillés par le grenetier 400 soleils à maistre Jehan Cousin.

[P. 29] « Du dernier jour de febvrier 1563. A esté marchandé à maistre Jehan Cousin, peintre, de faire des arcades et tout à pourtraicter pour l'entrée du Roy. à la charge de luy fournir bois et étoffes hors les painctures et ornemens et de lui payer sept vingt livres tournois.

[P. 30] « De même ordonne à Perrot de bailler au peintre Jehan Cousin trente livres tournois pour le traitement de ses salaires. »

1. Ulysse Chevalier, *Les trois Doms*, p. 21. François Thévenot était, du reste un peintre émérite, auteur de plusieurs tableaux commandés par la ville de Romans et pour la maladrerie de Voley. Il était également graveur ; on connaît de lui plusieurs médailles, et en 1536, il dressait le plan de la ville de Romans.

2. Ulysse Chevalier, *passim*, p. 23.

c'est lui qui monte les treuils, les poulies et tous les appareils de *machinerie* si estimés alors pour produire les volleries et autres effets de sorcellerie incompréhensibles pour l'auditoire.

Les exemples sont assez nombreux pour attester que la décoration des principaux Mystères fut l'œuvre des meilleurs peintres et que ces artistes, variant leurs genres de production à l'infini, les réduisaienten miniatures ou les traduisaient par de gigantesques décorations exécutées à la brosse, à gros effets, mais probablement sur des études aussi minutieuses que les planches des manuscrits. Un peintre ne croyait pas s'abaisser en quittant la peinture d'un tableau et en peignant une bannière, un écusson, ou même en colorant des sculptures d'un autre artiste[1].

Il n'est pas inutile de noter que chez ces maîtres primitifs, créateurs de l'École française, le principe de l'unité de l'art était en pratique de la façon la plus large. Si l'on pense à la manière dont ils exécutaient les décors, on doit supposer qu'il y a loin entre les vastes ateliers de nos décorateurs modernes et ceux de Jean Foucquet et de Poyet. Telles que nous les connaissons aujourd'hui, ces maisons du xve siècle, avec leurs petites fenêtres et leurs toits élevés, ne pouvaient offrir aux peintres de grands locaux. C'était sur les charpentes des échafauds, en plein air, qu'ils brossaient leurs toiles, abrités par un *velum* tendu pour la circonstance, tandis que les esquisses étaient faites dans leur intérieur.

La tradition de peindre les décors de théâtre s'est toujours conservée en France et à notre époque nos décorateurs sont des maîtres incomparables qui rendent les théâtres d'Europe et d'Amérique nos tributaires pour cette partie artistique.

Les textes précités montrent tous les grands peintres des xve et xvie siècles travaillant à des décors[2].

L'art, avec son expression la plus élevée, venait dans ces

1. Voir Henri Bouchot. *Gazette des beaux-arts*, année 1890, 2e semestre, deux articles consacrés à Jehan Foucquet.

2. M. Natalis Rondot signale, dans son ouvrage *Les Peintres de Lyon* (p. 27), plus de cinq cents peintres qui ont fait à Lyon, aux xive, xve et xvie siècles, des décors sur les voies publiques et sur les échafauds des Mystères. Nous ren-

représentations au secours de la littérature. C'est un fait qu'il importe de mettre en lumière pour répondre à une certaine école critique qui refuse aux artistes français le mérite d'avoir fait de la peinture proprement dite, fresques ou décorations, comme le faisaient les peintres italiens du XIVe et du XVe siècle. Nous venons de voir, au contraire, que nos miniaturistes et nos verriers s'adonnaient à la grande peinture décorative, à effets puissants, destinée à être vue de loin et à se marier avec de grands monuments, tout comme ils exécutaient de petites miniatures de livres d'heures et de manuscrits. Ce sont là des faits indiscutables d'une grande importance dans l'histoire de l'art en France et qu'il était intéressant de mettre en lumière [1].

IX

Les pièces profanes et les confréries.

L'art décoratif et le luxe se développaient donc sur une haute échelle dans la plupart des représentations de province : il en était tout autrement à Paris, où les spectacles ne demeurent pas exclusivement religieux ; car, à côté des célèbres Confrères de la Passion, se créent des sociétés de jeunes gens, étudiants ou autres, élèves de la Basoche, Enfants sans Soucis, etc..... qui organisent des représentations de moralités et de farces.

voyons à cet intéressant volume pour la nomenclature de tous ces peintres dont plusieurs ont joui d'un certain renom à ces époques.

Nous n'avons trouvé nulle part le nom de *Colart de Laon* ; cependant il paraît aussi avoir fait des décorations de théâtre, car, en 1400, nous le voyons exécuter « 4 grans pièces de toile en manière de grans tappis, les patrons de faire 4 tapiceries » et, deux ans plus tard, il peint un équipement d'homme à cheval pour la joute destinée au Roi (1402) (*Archives de l'Art français*, t. V, p. 183). Enfin il fait la décoration pour les obsèques de Henri de Bar (1397) (*Catalogue Joursauvault*, p. 140, n° 822).

1. Pour appuyer cette thèse, il suffit de rappeler la découverte que vient de faire, à Cahors, M. Corroyer, architecte du Mont-Saint-Michel. Chargé de l'entretien de la cathédrale de cette ville, il découvrit sous plusieurs couches de badigeon une frise considérable couvrant toute la coupole centrale. Cette frise représenté le Christ et les douze apôtres ainsi que divers sujets hiératiques.

Certaines pièces se donnent en plein air : telles sont les scènes mimées des entrées royales et les moralités ou soties que représentent des étudiants de l'Université sur une place publique, tantôt sous une tente, tantôt sans aucun abri. Les Confrères de la Passion, au contraire, jouent, dès le XVIe siècle, dans une salle fermée, c'est-à-dire sur un théâtre encore fort primitif, il est vrai.

Quelquefois des corporations ou des troupes d'étudiants obtiennent du Parlement l'autorisation de jouer dans la grande salle du Palais que l'on dispose en théâtre pour la circonstance.

Enfin il y a d'autres confréries que celle de la Passion, qui ont une salle à elles et qui y jouent des Mystères ; ce sont, entre autres, les Confrères de Notre-Dame-de-Liesse et ceux de Saint-Louis établis à la chapelle Saint-Blaise à Paris. Les premiers ont un répertoire de petites pièces religieuses qu'ils représentent encore au commencement du XVIe siècle. Mais leur mise en scène est peu compliquée, sinon nulle. Leurs spectacles ne doivent être donnés que pour les membres de la confrérie, leurs parents et leurs amis ; car ils ont lieu dans le local où est fixé le siège de la compagnie ; et, quelque important qu'on puisse le supposer, il ne devait pas permettre un grand déploiement de mise en scène que, d'ailleurs, l'action des pièces n'exigeait pas. Ces représentations sont surtout une occasion de réunions et de banquets copieux qui, demeurés légendaires, ont fait attribuer à cette association, plus ou moins religieuse, le sobriquet populaire de « Confrérie aux Goulus »[1].

Ces représentations ne sont pas sans intérêt pour nous. Car les femmes y figuraient sur la scène et c'est le seul exemple de ce fait que nous ayons constaté à Paris avant le XVIIe siècle[2].

Les Confrères de Saint-Louis doivent mieux faire puisqu'ils demandent à Pierre Gringoire un Mystère représentant les hauts faits de leur patron et qu'ils le jouent en plusieurs journées. Ce Mystère compte soixante personnages, dont aucun surnaturel,

1. Sauval, *Antiquités de Paris*, IX, p. 610.
2. Voir le manuscrit des Mystères de Notre-Dame-de-Liesse, autrefois dans la collection du baron Pichon, actuellement à la Bibliothèque nationale, mss., f. f.

c'est-à-dire ni Dieu, ni anges, ni diables. Tout s'y passe sur terre et, par suite, la scène doit être unique. C'est la première fois que nous rencontrons un Mystère rompant aussi franchement avec les errements du temps.

On peut conclure de ces faits que les corporations autorisées à jouer des drames relatifs à la vie ou au martyre de leur patron les commandaient à un auteur et les jouaient le jour de la fête de ce saint, dans un local approprié pour la circonstance, ou en plein air, sur une place au milieu d'un carrefour ou dans tout autre endroit favorable.

La mise en scène à Paris est donc tantôt en plein air, tantôt enfermée; mais jamais elle ne prend l'importance des représentations provinciales.

Si plusieurs locaux ont servi accidentellement de salles de spectacle, il n'y eut guère qu'un théâtre permanent à Paris, jusqu'au XVIIe siècle, celui des Confrères de la Passion; il fut d'abord établi au XVe siècle à l'hôpital de la Trinité, ensuite à l'hôtel de Flandre, et enfin, en 1548, à l'hôtel de Bourgogne où devait se constituer, en 1612, le théâtre des Comédiens royaux.

On ne connaît rien sur les Confrères de la Passion antérieurement à la fin du XIVe siècle. Quel était, à cette époque, leur répertoire? Avaient-ils un théâtre construit ou erraient-ils en nomades? Voilà autant de questions au sujet desquelles il est impossible de rien affirmer et même de rien conjecturer; car les documents font totalement défaut.

En 1398, ils étaient déjà établis à Saint-Maur : ils y avaient un théâtre stable, formaient une troupe permanente, donnaient des réprésentations régulières « farces, vies des saints ou autres et la Passion de Notre-Seigneur »[1].

En 1402, il avaient loué aux Prémontrés la grande salle du rez-de-chaussée de l'hôpital de la Trinité, situé rue Saint-Denis.

C'est là que nous allons tâcher de retrouver quelques documents épars sur leur théâtre.

1. Ordonnance du Prévost de Paris du 3 juin 1398. Archives nationales, V[a], fol. 167 et 155, citées par Petit de Julleville.

Qu'on se figure une pièce longue de 40 mètres, large de 12, par conséquent étroite; à l'une des extrémités, l'estrade ; le parterre séparé de l'estrade par une grille; les premiers plans probablement occupés par des sièges ou des bancs, et, debout, serrés sans distinction d'âge, de sexe ou de condition, tous les arrivants : telle est la salle des Confrères en 1402[1]. Sur l'estrade, enfermée entre trois murailles de pierre, nues comme une cellule de prison, impossible de figurer les mansions multiples des Mystères provinciaux.

Aussi l'estrade est-elle à trois étages. Le plus élevé figure le Paradis, le deuxième la Terre, le troisième l'Enfer, avec sa gueule de dragon[2]. Ces échafauds communiquent entre eux par des praticables (escaliers ou échelles). Le Paradis, tout au fond, devait être formé d'un fond de toile ou de papier bleu, tendu et parsemé d'étoiles d'or en papier collé, ou peut-être encore du mur entièrement nu.

Les acteurs, comme dans les représentations provinciales, venaient, leur jeu terminé, se ranger sur les côtés du théâtre. Ils ne cessaient jamais d'être en évidence, à moins que leur rôle ne leur ordonnât de disparaître dans une petite loge fermée de rideaux, figurant une chambre secrète, qui servait à cacher aux regards des spectateurs certaines circonstances délicates de la pièce, telles que l'accouchement de sainte Anne, celui de sainte Élisabeth, celui de la Vierge, etc.[3].

A Paris, même au xve siècle, les représentations ne durent jamais être aussi longues qu'en province. Sous François Ier, elles ne duraient qu'une journée. Témoin le Mystère du sacrifice d'« Abraham à huyt personnaiges » joué à l'hôtel de Flandre, devant

1. M. Rigal suppose que la salle des Confrères de la Passion à l'hôtel de Bourgogne avait dû être copiée sur celle de l'hôpital de la Trinité (voir *Alexandre Hardy et le théâtre français*, Paris, Hachette, 1890, p. 141; voir aussi Félibien, *Histoire de Paris*, t. II, p. 723).

2. Voir Paul Lacroix, *Recueil de farces, soties et moralités du* xve *siècle*, Paris, Adolphe Delahays, 1859, préface, p. x ; G. Brouchoud, *Les origines du théâtre de Lyon*, Lyon, Scheuring, 1865, p, 11 ; Onésime Leroy, *Études sur les Mystères*, Paris, 1837, p. 128.

3. Publiée par Guiffrey, Paris, Renouard, 1860, p. 268.

le roi en 1539. On faisait alors à Paris, avant la représentation, une monstre dans les rues les plus fréquentées et les costumes des figurants n'y étaient pas moins riches que ceux des grands Mystères de province. Le velours, le satin, le drap d'or reviennent à chaque instant dans les descriptions des chroniques. L'hôtel de Flandre, lorsque le roi ou les princes honorent le théâtre de leur présence, a des loges tendues de tapisseries pour les héberger : à prendre à la lettre la *Chronique de François Ier*, on pourrait supposer que l'on construisait à l'extrémité de la salle opposée à la scène une estrade spacieuse élevée, d'où l'on dominait toute la salle pour y placer le souverain et les princes.

Les Confrères s'étaient en quelque sorte associés avec les Enfants sans Soucis qui reconnaissaient comme chef « le Prince des Sots ». Lorsque la salle de la Trinité n'était point occupée par les Confrères, les Enfants sans Soucis en usaient à leur volonté, du plein gré de leurs associés. Ils y donnaient alors des farces ou pièces comiques de tout genre, ce qui fit que le théâtre de la Trinité offrit au public un répertoire des plus variés. C'est en raison de la diversité des genres de spectacle qu'il représentait, que le théâtre des Confrères prit dans l'argot parisien le nom de théâtre des « pois pilés ».

L'Université et les clercs de la Basoche suivirent l'exemple des Enfants sans Soucis et s'adonnèrent aux pièces satiriques ou comiques ou polémiques dans lesquelles, en passant en revue les derniers événements accomplis, ils fustigeaient les ridicules du temps, critiquaient les mœurs ou les institutions, attaquaient les abus et souvent décriaient le clergé et les moines. La liberté de penser, qui eut son éclosion lors de la Réforme, avait trouvé chez les clercs de la Basoche et les élèves de l'Université des partisans qui n'avaient pas craint de devancer leur époque et d'être les enfants perdus de cette cause aujourd'hui gagnée.

La moralité est une pièce où les personnages portent le nom de la vertu ou du vice qu'ils caractérisent, comme Madame Parure et Madame Volupté ou bien Bon Conseil et Vigilance ; quelquefois ce sont des types sans personnalité distincte ; quelquefois aussi sous le nom d'un vice on retrouve facilement un personnage en vue.

La sotie est une pièce qui est censée représenter des personnages d'un monde imaginaire, du monde des fous ou des sots. Sous le masque de la folie on dit aux rois, aux princes, au pape ou aux prélats les vérités les plus dures.

Les moralités satiriques ou polémiques et les soties parurent dès le XVe siècle : les plus anciennes que nous connaissions attaquent les décisions du concile de Bâle (1433) ou les articles de la Pragmatique Sanction de Bourges (1438)[1]. Ce genre parfois devient historique et, à cette même date, vers 1440, on fait une moralité sur la Praguerie.

Ces premiers essais scéniques furent-ils joués ou non? Nous l'ignorons. Mais en 1508, Louis XII, en guerre avec le pape, sentant l'influence que le théâtre avait sur le peuple et surtout sur les plus hautes personnalités de la société, encouragea les moralités qui censuraient le Souverain Pontife. Cette année, il assistait sur la place Saint-Étienne à une sotie d'André de la Vigne et, le 10 février 1512 à une autre sotie à huit personnages de Pierre Gringoire, jouée aux halles de Paris. Cette représentation se composait d'un cry, d'une sotie, d'une moralité et d'une farce. La sotie et la moralité avaient un caractère politique. La farce était une bouffonnerie. La sotie, au contraire, était une comédie censément jouée dans un monde imaginaire, le monde des sots. Mère Sotte représentait l'Église et les autres sots, telle ou telle individualité ou généralité. Dans la sotie du 10 juin 1512, le Prince des Sots personnifiait Louis XII, et passait une revue générale de ses suppôts. Au premier rang des courtisans on voit divers prélats grotesques, qui ont pour cortège Ignorance, Dissipation et Paillardise. Les trois Sots et Sotte Commune, qui figurent le peuple, reçoivent ces hauts dignitaires ecclésiastiques. Mère Sotte

1. Ces pièces ont été décrites et analysées par M. Émile Picot dans un mémoire intitulé : *Les moralités polémiques ou la controverse religieuse dans l'ancien théâtre français*, extrait du *Bulletin de la Société du protestantisme français*. M. Picot, au cours de cette étude, a bien voulu nous fournir continuellement des renseignements et des indications fort utiles. Nous le remercions bien vivement de sa complaisance.

arrive à son tour, revêtue des attributs de la papauté et suivie de ses ministres, Sotte Fiance et Sotte Occasion : elle pousse les Sots à la révolte contre le prince, mais ceux-ci veulent rester fidèles à leur chef. Seuls les abbés grotesques sont entraînés à la trahison. Alors « se fait une bataille de prélatz et de princes ». Mère Sotte est dépouillée de ses ornements sacrés ; on la reconnaît et tout le monde l'abandonne.

La moralité associée à cette sotie de 1512 est un dialogue qui n'a pour but que de montrer combien l'influence italienne est funeste à la France qui a toujours eu à se plaindre des habitants d'outre-mont. L'un des personnages, « l'Homme obstiné », paraît en scène avec une tiare sur la tête. Il représente Jules II et, dans son débit, s'accuse de tous les crimes. On ne pouvait guère ridiculiser davantage la papauté. Enfin le spectacle se termine par une farce bouffonne qui est uniquement destinée à amuser.

La mise en scène de ces soties ou moralités est nulle. Comme elles se représentent dans un monde imaginaire, elles ont encore moins besoin de mise en scène que les pièces à caractères du XVIIe siècle. Les costumes des acteurs ne diffèrent de ceux des spectateurs que par quelques attributs. La Vérité a un miroir, la Justice une balance. Les Sots mettent le bonnet des fous avec des grelots et des oreillères pendant sur la figure, ou bien le légendaire couvre-chef à oreilles d'âne des écoliers ; leur vêtement est mi-partie jaune mi-partie vert. Tel sot couvrait son bonnet de fou d'une bourguinotte, d'une tiare ou d'un bonnet de juge selon qu'il figurait un sot guerrier ou un sot juge ; une crosse ou une épée pouvait servir dans d'autres circonstances. C'est, du moins, ce qu'indique l'entête des livres de Pierre le Dru, imprimeur de Pierre Gringoire à l'enseigne de Mère Sotte.

L'amusement que les soties procurent est purement intellectuel, quoique, sans doute, encore fort grossier : les traits d'esprit et les critiques y sont de mauvais goût et pourtant un progrès est réalisé. La partie matérielle des représentations des Mystères cède la place aux préoccupations littéraires que, jusqu'alors, les rois comme la société avaient négligées. Louis XII en assistant à ces pièces consacre les premiers essais de la révolution intellectuelle qui va s'opérer avec l'éclosion de la Réforme.

Nous verrons plus loin quelle importance acquirent, avec le protestantisme, ces moralités ou ces satires traitant de controverses religieuses et à quels genres nouveaux elles donnèrent naissance.

Déjà la comédie de caractères était apparue sous le nom de farce, bien avant la comédie *dell' arte* de l'Italie. La farce de *Maître Pathelin* en est une preuve. Mais où fut-elle jouée? Quand? Comment? Par qui? Autant de questions auxquelles nous ne pouvons répondre. Qu'il nous suffise de constater son existence au xve siècle.

Les grandes villes de province avaient aussi des universités et des sociétés de jeunes gens — joyeux compagnons — qui, à l'instar des Enfants sans Soucis de Paris, s'adonnaient au théâtre satirique et représentaient des moralités, des soties et des farces sur les places publiques et dans les collèges. Les Sots de Sens qui, en 1445, parcouraient la ville sur des chars, se livraient à toutes sortes de discours ou de pantomimes. A Rouen, les Conards ont le même rôle que les Enfants sans Soucis à Paris, tandis que les Confrères de Saint-Romain, à l'imitation de ceux de la Passion, jouent devant le portail de la cathédrale et empruntent au trésor les ornements les plus riches; les chapelains jouent des farces, dans cette même ville, *more mimorum et histrionum*[1]. Dans toutes les grandes villes, en dehors des Mystères longuement préparés, se donnaient de petites représentations analogues à celles de Paris.

Le 17 novembre 1548, le Parlement de Paris lance un arrêt, qui, tout en confirmant le monopole théâtral de Paris aux Confrères de la Passion, défend les représentations des Mystères sacrés : c'est un premier coup porté aux théâtres liturgiques. Bientôt après une ordonnance du roi enjoint de démolir l'hôtel de Flandre où les Confrères donnaient leurs représentations : Paris demeure donc sans théâtre permanent. Les Confrères cherchent alors un asile et achètent une partie des terrains de l'ancien

1. *Mystère de l'Incarnation*, notice de M. Leverdier, *passim*, p. XVIII, XXXVIII et LII.

hôtel de Bourgogne où ils font édifier une grande salle qui, depuis, est devenue célèbre.

L'entrée des Confrères dans ce local marque une nouvelle ère pour le théâtre dans toute la France : elle annonce la fin des Mystères et pièces liturgiques et le commencement du genre classique tant pour la tragédie que pour la comédie.

X

Fin des Mystères.

Les représentations de Mystères eurent en province la vie plus dure qu'à Paris : l'arrêt du Parlement, qui les prohibait dans le ressort judiciaire de la capitale, et surtout le goût public, en développant le théâtre profane, poussent à la création de troupes de comédiens qui parcourent le pays, et alors les drames religieux diminuent de plus en plus : on ne les joue plus que dans les provinces éloignées, dont les communications avec Paris sont presques nulles, particulièrement en Bretagne.

Les représentations se transforment avec le temps, et le Mystère par excellence, *la Passion*, se joue dans nombre de villes ou villages aux environs de Pâques, sur un théâtre de marionnettes; au moment de Noël, l'on organise des représentations dans des églises, des crèches, et des personnages viennent y mimer les scènes de la Nativité. A Limoges encore, en 1822, les Pénitents rouges jouèrent la Passion; dans cette même ville, en 1848, malgré l'évêque qui s'y oppose, le *Drame de Sainte-Félicité* et *des Macchabées* était représenté annuellement par les membres d'une association pieuse, qui se transmettaient oralement, de génération en génération, les tirades du drame. Le martyre de sainte Félicité et de ses enfants en était le sujet. Sainte Félicité y était représentée vêtue d'une longue robe de couleur sombre, en veuve; ses sept enfants étaient habillés en guerriers romains; un empereur, avec la couronne et un long manteau de pourpre, une impératrice couverte de tous les bijoux de la paroisse complétaient le personnel dramatique. Il y avait aussi les suivants de l'empereur et de l'impératrice, gardes et bourreaux. La scène se jouait en pleine place. M. le chanoine Arbellot, le président de la Société archéologique de Limoges, se rappelle y avoir assisté deux fois [1].

Dans le Nord, les Mystères subsistèrent longtemps aussi; actuellement, dans le département du Nord, il existe une société locale composée d'artisans qui joue tous les dimanches de carême le mystère de la Passion ou même d'autres mystères ayant trait à des légendes locales. L'évêque de Cambrai dut, en 1834, interdire la représentation de l'Adoration des Bergers et de la Passion. Au village de Lagne (Vaucluse) on représentait, en 1872, l'Adoration des Bergers. Enfin, il serait trop long de citer toutes les localités de France où, en dehors de la Bretagne, se retrouvent encore, dans d'obscurs débris, les vestiges du théâtre du moyen âge qui avait eu un si grand essor il y a quatre cents ans.

Le Mystère avait déjà disparu en France lorsqu'il apparut, pour ainsi dire, se développa et devint florissant dans la Basse-Bretagne, particulièrement dans l'évêché de Tréguier, à Lannion et dans la partie du Finistère voisine des Côtes-du-Nord. Il fut même la cause de la création d'un théâtre spécial, peu connu, il est vrai, mais qui forma une littérature particulière digne d'être étudiée [2].

1. « Ces représentations avaient lieu tous les sept ans, à l'occasion de la solennité des Ostensions. Ces solennités, qui remontent à une date très reculée et qu'on retrouve à Aix-la-Chapelle et dans quelques églises d'Allemagne, ont pour objet l'exposition publique des reliques des saints à la vénération des fidèles. Elles étaient autrefois célébrées par des fêtes magnifiques et de grands pèlerinages. Elles ont été célébrées cette année au Dovat, à Saint-Junien, à Saint-Léonard et dans plusieurs autres villes du diocèse; elles ont été l'occasion de cérémonies très curieuses et très touchantes.

On a deux manuscrits du texte du *Drame de Sainte-Félicité*. Tous deux sont de ce siècle et présentent d'assez profondes différences. Un certain abbé Hervy, archiprêtre de la Meyze avant la Révolution, avait remanié ce drame et l'avait même probablement refait en entier, car l'œuvre en question n'a point du tout un cachet d'ancienneté.

Il est bien certain, toutefois, que le drame se jouait avant la Révolution, et l'abbé Bullat, dans son *Tableau ecclésiastique de Limoges*, le signale. »

Renseignements fournis par M. Guibert, de Limoges.

2. Voir, outre les travaux de M. de la Villemarqué, ceux de M. F.-M. Luzel, archiviste du département du Finistère.

On trouve encore dans ces contrées « précieusement conservés au fond des vieux bahuts de chêne, de volumineux manuscrits enfumés, tachés de suif et de résine et salis par les mains des générations de paysans qui les ont feuilletés »[1]. Ce sont les libretti des Mystères bretons. Malgré les mandements successifs des évêques, le mystère a résisté : en 1834, on jouait à Saint-Brieuc le *Mystère du Commencement et de la Fin du monde*[2] avec une mise en scène importante. Depuis on a donné, en 1858, à Plescop dans le Morbihan, le *Mystère de la Passion*[3]; c'est la dernière fois qu'un Mystère a été représenté dans ce département, mais on y trouve encore quelques traces du théâtre liturgique. A Vannes, l'usage des représentations publiques a disparu depuis longtemps; mais tous les ans, pendant quinze jours, de Noël à l'Épiphanie, une compagnie d'ouvriers va, d'auberge en auberge, réciter les Mystères des *Trois Mages* et d'*Hérode*. Assez mal accueillie dans les villes, cette troupe a beaucoup plus de succès dans les fermes des environs qu'elle visite également vers la même époque. On cite un entrepreneur de la ville, que ses nombreux ouvriers régalent de temps à autre de la représentation ci-dessus après lui avoir emprunté des rideaux et des manteaux pour le costume des acteurs, dont quelques-uns, paraît-il, se drapent avec beaucoup d'art. Une troupe semblable jouant dans les mêmes conditions existe également à Auray, mais elle est mieux organisée[4].

A Lannion, en 1825, on représenta un Mystère suivant les règles du moyen âge ; le théâtre était dans une garenne; des planches clouées sur des pieux fichés en terre forment plusieurs rangées de bancs pour les spectateurs; ceux qui n'ont pu y trouver place se tiennent debout derrière. Les arbres du voisinage, les croix des chemins et les toits des maisons les plus rapprochées sont

1. F.-M. Luzel, *Sainte Tryphine et le roi Arthur*, Quimperlé, 1863, p. VII.
2. Petit de Julleville, t. Ier, p. 457 et Morice, p. 184.
3. Ce renseignement nous a été communiqué par M. le comte de Lanjuinais, député du Morbihan. Nous tenons à le remercier vivement de l'obligeance qu'il a mise à nous aider dans nos recherches sur les Mystères de Bretagne.
4. Ces renseignements nous ont été transmis par M. Ch. Estienne, archiviste du Morbihan, auquel nous adressons tous nos remerciements.

couverts d'enfants. C'est surtout à Pluzunet que s'est conservée la principale école de déclamation des Mystères bretons : en 1867, M. Luzel y recrutait une troupe qui joua à Saint-Brieuc le *Mystère de Sainte-Tryphine*; en 1875 on jouait à Plouaret les *Quatre fils Aymon*; mais les acteurs n'étaient pas bons et la mise en scène y était déplorable. En 1878, les 22 et 23 avril, nouvelle représentation de *Sainte-Tryphine* à Pluzunet, pendant les fêtes de Pâques : « le théâtre avait été dressé dans une aire à battre le blé, entourée de murs de tous côtés, et au fond de laquelle, au nord, se trouvait une grande grange avec large ouverture au sud. La scène, élevée d'environ 1m,50, large de près de 15 pas sur 10 de profondeur, était à ciel ouvert et construite en planches posées sur des barriques et des chevalets; à gauche et au fond, des toiles, tendues en manière de rideaux, s'écartaient à volonté pour laisser entrer et sortir les acteurs. Le commun des spectateurs ne payait que 10 centimes et se tenait debout sur le sol de l'aire qui représentait le parterre. Les places assises coûtaient 25 centimes. La grange, devant laquelle s'élevait le théâtre, tenait lieu de vestiaire, de coulisses et de foyer. Les acteurs qui n'étaient pas en scène s'y habillaient, repassaient leurs rôles, fumaient et buvaient du cidre (l'eau-de-vie était prohibée). Le souffleur, placé derrière la toile, entre la scène et cette grange, observait, par une petite ouverture, ce qui se passait, indiquait l'entrée et la sortie. des acteurs, et soufflait à ceux auxquels la mémoire faisait défaut

« Quant aux costumes, ils étaient des plus simples: le roi Arthur avait sur la tête une couronne dentelée en carton doré ; sur les épaules, un manteau blanc parsemé d'étoiles et de fleurs de lis en papier doré; il portait une épée au côté, un pantalon rouge, de longs cheveux et une barbe. Sainte Tryphine, conformément à la tradition des Mystères du moyen âge, était représentée par un jeune homme [vêtu comme une riche paysanne du pays de Lannion. Kervoura le traître était habillé en pompier de la ville de Paris ; casque de cuivre, grandes bottes, gants et sabre.

« Les diables étaient couverts de peaux de bêtes; ils portaient de longues cornes sur la tête; leur figure était noire et d'énormes queues leur traînaient par derrière. Pour le reste, uniformes de soldats ou de matelots en congé et simples accoutrements de paysans.

« Le second jour, la représentation fut troublée par une averse, pendant un quart d'heure; mais pas un spectateur ne quitta la place; les acteurs eux-mêmes continuèrent de débiter leurs rôles avec un sérieux imperturbable, le parapluie ouvert à la main. Ils étaient au nombre de quinze : quelques-uns d'entre eux représentaient deux personnages de la pièce, jouant ainsi deux rôles [1]. »

Aux fêtes de Pâques de 1888, des acteurs de Plouaret et des environs représentent, au vieux théâtre de Morlaix, le même *Mystère de Sainte-Tryphine*. Comme aux précédentes représentations, la mise en scène est nulle et les costumes sont plutôt grotesques. Le roi Arthur est habillé en garde national, avec un manteau de calicot blanc orné de soleils en papier doré sur les épaules; il est coiffé d'un fez également orné de papier doré et le jeune homme qui représente sainte Tryphine porte une robe et un caraco rouge à pois blancs; le traître Kervoura est en arlequin; le gouverneur de Bretagne en paletot noir et chapeau noir; un Anglais est figuré par un soldat du 21ᵉ de ligne. Sans le sérieux avec lequel sont tenus les rôles, sans l'émotion, on pourrait même dire le recueillement de l'assistance, ces représentations paraîtraient des fumisteries; mais étant donné le caractère religieux de ces Mystères, ils sont d'un haut intérêt, et, jusqu'à présent, ils ont échappé à la préoccupation de luxe ou de réclame qui ont pris à Oberammergau une si grande importance, mais qui sont de nature à en altérer l'esprit. Par ce seul fait, les Mystères de Bretagne ne sont-ils pas plus curieux, plus intéressants et plus vrais dans le sens exact du mot?

Ces représentations paraissent même avoir pris un nouvel essor en ces derniers temps; car en 1889 on jouait encore, à Plougasnou et à Morlaix, le *Mystère de Jacob ou de Joseph vendu*

1. Nous avons tenu à reproduire textuellement ces détails que M. F.-M. Luzel, le rénovateur du théâtre des Mystères en Bretagne, a eu l'obligeance de nous transmettre. Nous lui en adressons de nouveau tous nos remerciements.

par ses frères ; à Larmeur, à Guerlesquin et dans la partie des Côtes-du-Nord qui avoisine le Finistère, des représentations semblables ont lieu encore de temps en temps. Il est peu probable qu'elles disparaissent complètement d'ici longtemps.

Elles subsistent comme un vestige du passé chez des populations de mœurs traditionnelles et elles trouvent un élément de succès dans cet amour de l'étude du passé qui est une des caractéristiques de notre époque.

Cette étude laisse un profond sentiment de regret. Car, quel que soit l'intérêt avec lequel on l'ait approfondie, on est obligé de constater que l'inspiration a totalement manqué au théâtre liturgique. Cependant quel sujet pouvait être plus beau? « Concevez, en effet [1], un théâtre qui serait dans la foi des peuples le supplément du culte même. Concevez la religion mise en scène avec la sublimité de ses dogmes devant des spectateurs convaincus : puis un poète d'une forte imagination pouvant user librement de toutes ces grandes choses, non pas réduit à nous dérober quelques pleurs sur de feintes aventures, mais frappant nos âmes avec l'autorité d'un apôtre et la magie passionnée d'un artiste ; s'adressant à ce que nous croyons, à ce que nous voulons et nous faisant verser de vraies larmes, sur des sujets qui non seulement nous paraissent vrais, mais divins : certes, rien n'aurait été plus grand que cette poésie. Au lieu de cette curiosité à demi indifférente, qui, dans notre siècle, conduit au théâtre des spectateurs distraits par mille soins, supposez une assemblée attentive, ardente, pieusement émue par le sujet seul, indépendamment des inventions du poète. Mettez ces hommes en présence des plus grands souvenirs qui aient formé leur croyance, ayez un poète ..... et faites lui réciter, écrire, dialoguer ce drame sublime et tout fait de la Passion ; qu'il nous montre la persécution et les douleurs du Fils de Dieu, la trahison du faux disciple et la tentation de Pilate, ce juge qui se lave les mains du crime qu'il laisse commettre, ces prêtres et ce peuple égarés qui se saisissent

1. Villemain, *Cours de littérature du moyen âge.*

du crime qu'on leur abandonne et l'achèvent. Toutes les tristesses de la Passion, le reniement de saint Pierre, les douleurs de la Mère au pied de la croix : pouvait-il exister jamais tragédie plus déchirante? »

Non! mais le poète a manqué à ce sujet et, depuis Jean Bodel, le théâtre dramatique du moyen âge n'a pas enfanté une seule œuvre sublime.

Il était impossible qu'il en fût autrement. Le théâtre du moyen âge, par sa nature, n'était qu'un spectacle des yeux et une fête mondaine. Le luxe qu'on y déployait le prouve. La mise en scène en était donc le grand attrait et le véritable élément. La littérature et le sentiment n'y venaient que comme appoint. Le dialogue quoique indispensable, — car sans lui, il n'y eût point existé de théâtre, — ne servait qu'à présenter et à expliquer les tableaux et les figurations multiples que l'on offrait aux regards des spectateurs, comme des légendes expliquent les sujets d'une succession d'images dont le tout forme une histoire.

La société, en raison de ses mœurs et de son éducation, ne demandait pas davantage. L'instruction faisait défaut; la ferveur de l'époque des Croisades et de la construction des grandes cathédrales, qui avait suivi les terreurs provoquées par la crainte de l'an mil, avait disparu. Un besoin général de plaisir avait succédé à la guerre de Cent ans. Aussi aucune classe sociale ne pouvait s'intéresser à des productions purement intellectuelles ou religieuses.

Qu'aurait donc fait alors un poète, en écrivant un chef-d'œuvre qui serait resté incompris et dont le succès, au cas où il en aurait eu un, n'eût été obtenu ni par l'élévation des idées ni par la beauté du style, ni par le sentiment dramatique, ni par les situations scéniques d'une action habilement conduite? Seule la mise en scène eût été la cause de son succès, car on allait au Mystère pour voir et non pas pour entendre.

Là est la raison pour laquelle il n'est rien sorti, au point de vue littéraire, du théâtre du moyen âge!

Germain Bapst.

ANGERS, IMP. BURDIN ET Cie RUE GARNIER, 4.

www.ingramcontent.com/pod-product-compliance
Ingram Content Group UK Ltd.
Pitfield, Milton Keynes, MK11 3LW, UK
UKHW021000180726
13838UKWH00003B/1402

9 782329 291673